改變一生的50個理財法則，教你利用時間複利，站上致富起跑點

現在開始就有錢

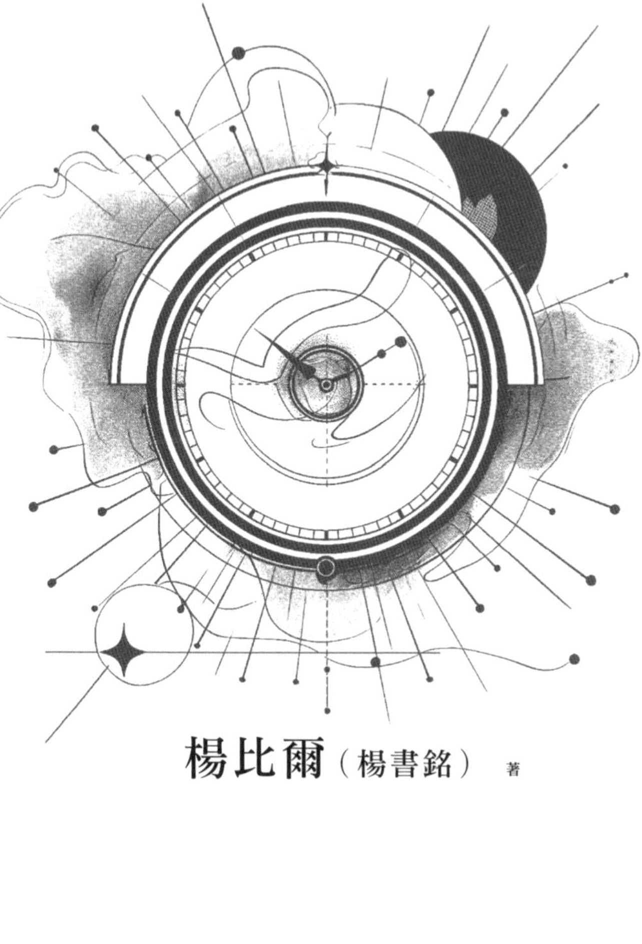

楊比爾（楊書銘） 著

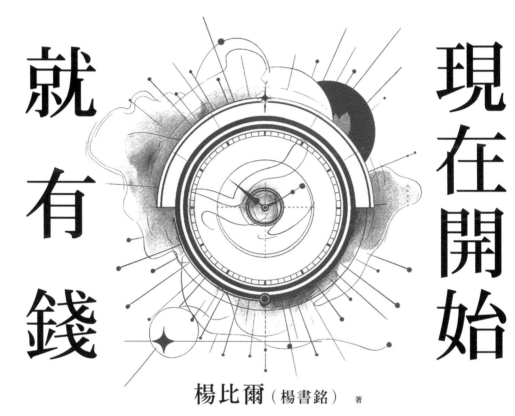

推薦文

人生十字路口的理財地圖

「小朋友學投資」團隊

我們總會期望有一位導師，能指引自己在人生十字路口做出許多重大決定。尤其是在金錢觀、財商、金融市場方面，如果能不受傷便習得經驗，又或在踩雷前就有人跳出來引導你到正確的方向，那該有多好？

《現在開始就有錢》這本書，不僅教導我們如何儲蓄和投資，更教導我們如何管理好個人財務、處理債務、避免金融詐騙，以及重申了時間的重要性。讓我們能深入理解金錢背後的真諦，並設定自己的目標，知道該去做什麼，更明白何為「正確的觀念」。每一個章節也都有入門且實用的理財技巧，就像我們在Podcast裡有提到的許多觀念一樣。

本書不僅僅是一本理財指南，更是良好的觀念分享，不管放在哪個時空背景，都有它的價值。如同我們「小朋友學投資」的節目主軸——在金融市場的世界裡，你最先該學習的是認識自己，依照自己的個性，找到自己最「能」做到的事情，再來給自己一個目標、一個策略去執行它！我們認為，反覆做好適合自己個性的策略，才是實現財富自由的捷徑。

推薦文

理財中最重要的事

愛瑞克／TMBA共同創辦人、《內在原力》系列作者

閱讀此書稿時，讓我想起股神巴菲特（Warren Buffett）曾說過：「投資很簡單，卻很難做得好。」之所以簡單，是因為長期來說股市趨勢是向上的，只要不犯下「追高殺低」的毛病，投資人應該都會賺到錢。

為什麼很難做得好？貝佐斯（Jeff Bezos）曾問巴菲特：「你的投資理念非常簡單，為什麼大家不直接複製你的做法呢？」巴菲特說：「因為沒有人願意慢慢變富。」這才是重點，事實上，比起複雜的金融名詞和財務工程，一般人只要踏踏實實做好幾件理財最重要的事情，人人都可以提早存到退休金。

所謂最重要的事情，我認為在《現在開始就有錢》這本書當中都已經談到了。裡面包含關於財務規劃、風險、借貸、投資的基本思考，也涵蓋了人們生活中有關投資

理財的各種問題。作者楊比爾的論述淺顯易懂，提出的建議也相當具體實用，我想，這就是他最強的優勢吧！

誠摯建議每一位職場新鮮人、理財新手們，先讀過這本書再開始起步，應該可以省下不少走冤枉路的時間！

推薦文

把握時間，開啟財富之旅

葛如鈞（寶博士）／立法委員

在當代社會，理財知識不僅是一種技能，更是一門藝術。《現在開始就有錢》一書，由楊比爾精心撰寫，不僅提供了理財的知識，更啟發了讀者對於「時間價值」的深刻理解。

每個人的時間都是有限的，如何在有限的時間內創造無限的可能，是這本書試圖解答的核心問題。作者楊比爾憑藉他二十多年的金融業經驗，深入淺出地引導讀者如何透過「時間配置」超越傳統的「資產配置」，將時間轉化為財富的最大動力。

透過豐富的案例和生活化的比喻，比爾不僅讓讀者易於理解複雜的金融概念，更重要的是，他引導讀者重新審視對金錢的認知，從而實現財務自由。書中的五十道金融常識，是對於理財新鮮人的寶貴財富，讓人在閱讀的過程中，學會如何規劃和管理個人財務。

在台灣，我們面對的是一個快速變化的世界，其中包含了無數的風險與機會。作為一名關注科技與財經政策的立法者，我深信教育和知識的力量能夠改變個人乃至社會的未來。因此，我也認為《現在開始就有錢》不僅是一本關於財務管理的書，更是一本關於如何在變動中尋找方向、如何在限制中尋求自由的指南。

幾年前，我看過一部深具啟示性的電影《陽光普照》，其中一句名言，「把握時間，掌握方向」，雖然有點反諷意味，但至今仍深深烙印在我的心中。同時，我也有幸在一個 Podcast 節目中訪問過芝加哥大學經濟學博士林仲生，他與我分享了一個深刻的觀點：「在香港，機會成本的教育是從小就有，因此，所有香港人從小就都很計較時間，畢竟時間是學生最大的資本。」這些經驗與見解，讓我更加認識時間的價值，並且意識到，在我們的教育系統中應該增強機會成本與理財知識的重要性。

閱讀《現在開始就有錢》時，我感到這本書恰如其分地補足了我們在台灣基本教育中對機會成本及理財知識的缺乏，因為我們鼓勵「苦幹實幹，就有收穫」這種幾乎過度正面的觀念。透過這本書，讀者不僅能夠學會如何在短短的時間內掌握投資理財的方向和觀念，更能深刻體會到把握時間、掌握方向的重要性，從而為自己的未來創造更多的可能性。

很榮幸有機會可以推薦比爾撰寫的這本《現在開始就有錢》，雖然每個人的命運不同，無法保證到底能「有錢」到什麼程度，但我可以大膽地說，閱讀這本書的時間以及讀進去的內容與知識，絕對就是你理財人生的最大本錢！

登峰推薦

投資，這門看似高深的學問，常常讓人感到無從下手。理財之道千百種，找到貼合自己的方法，才是其中的關鍵。

在《現在開始就有錢》這本書中，我們跟隨比爾的腳步，他以獨到的宏觀視角及淺顯易懂的文字，引導我們穿越金融迷宮，走上通往財富自由的道路。

作為一位學生，我特別欣賞本書從「如何制定財務目標和規劃」開始，逐步引領讀者深入了解保險，避免金融陷阱，最終學會以開源節流的資金運籌帷幄，實現財富最大化。這本書點破許多人對於投資理財的迷思，提供實用的指引和見解。

無論您是學生，還是剛踏入社會對理財感到迷茫的初學者，這本書都將為您打開理解金融常識的大門。讓我們攜手探索這場充滿智慧的旅程，共同掌握理財世界的精髓吧！

——**何秉蓁**／臺北大學證券研究社社長

以大學生的視角出發，現在有很高比例的年輕人是月光族，或對理財根本沒有規劃和想法，原因可能來自從小觀念未建立，或缺乏系統性的學習。而《現在開始就有錢》這本書正巧提供了最適合初學者的學習路徑，為投資小白、初出社會的年輕人建立健康而完整的價值觀與理財觀。

書中從預算和財務目標的設定，延伸到退休金、保險以及投資的配置，最後用簡單且清晰的財務觀念和總經市場的概念，提供我們最完善的架構，讓我們能最大化利用自己的資產。作者也用了許多淺顯易懂卻頗富深意的舉例和觀念，讓讀者能快速吸收理財概念。

這是一本兼具理論性和實用性的財務書籍，其實也適合各個年齡段、對理財有所困惑的讀者閱讀，其中寶貴的財務建議和指導，幫助我們在財務管理的道路上走得更遠、更穩健。我誠摯地推薦這本書，希望每個人都能夠從中受益，實現自己的財務目標和夢想。

——**吳諺恆**／政治大學金融投資與產業研究社社長

《現在開始就有錢》的開頭有一段我很喜歡的話：「在航海的世界中，無論船隻多麼堅固，舵手多麼熟練，如果沒有明確的目的地與規劃，都可能在茫茫大海中迷失方向。同樣的，在金融的海洋裡，確定財務目標和制定計畫也是最重要的事。」作者比喻得很貼切，在投資的世界中，如果不訂定計畫或沒有目標，確實很容易迷路。

此外，在追尋一個目標時，不管是學習、運動，或是一個好習慣，支持你一直朝著目標努力的一大要素就是「動機」，而書中提到的「福格行為模型」，包含動機、能力與提示。作者將聽起來較抽象的概念一一拆分，並舉例在理財方面的應用，這讓我更容易理解金錢的邏輯，繼續朝著目標前進。

——**蔡沛耕**／臺灣科技大學證券研究社社長

這學年有幸擔任台大證券研究社社長，同時也見證了台股創新高的行情，非常多的同學意識到了投資規劃的重要性。常常有周遭朋友前來與我討論怎麼開始投資，然而投資規劃的議題非常廣，就算是有兩、三年股票實務經驗的我，也難以一言蔽之。

本次有幸獲邀為《現在開始就有錢》一書寫序，細細拜讀之後，認為這正是一本適合每位年輕人閱讀的好書。作者比爾透過深入淺出的方式，將許多生活中晦澀難懂的投資理財知識，化為淺顯易懂的日常比喻，非常推薦各位有志學習理財領域夥伴一起從本書中學習知識！

——**蔣承翰**／臺灣大學證券研究社社長

現在開始
就有錢

目次

推薦文　人生十字路口的理財地圖／「小朋友學投資」團隊……3
理財中最重要的事／愛瑞克……5
把握時間，開啟財富之旅／葛如鈞（寶博士）……7
登峰推薦……10
自　序　金融素養，從自己開始……20

PART 1 想像未來

第1章　你有夢想嗎？制定財務目標和計畫……26
第2章　如何儲蓄和投資，以應對突發支出和緊急情況？……33

第3章 掌握福格三因子，就能更快存到錢……37
第4章 存錢妙招助你多賺利息……43
第5章 錢不夠？設立和管理個人預算……51
第6章 讓你留不住錢的「拿鐵因子」……56

PART 2 打造餘裕人生

第7章 幾年存幾千萬退休，是在販賣焦慮，還是真能做到？……62
第8章 開始存退休金的時間愈早愈好……68
第9章 什麼是勞退新制？如何最大化自己的退休金？……77
第10章 了解風險和報酬之間的關係……83
第11章 為何需要分散投資風險？……90
第12章 該買保險嗎？購買保險前該問自己的三個問題……96

PART 3

避開金融陷阱

第13章 如何選擇適合的醫療保險？……102
第14章 什麼是投資型保險？……108
第15章 明天和意外，哪個先來？談意外保險的重要性……114
第16章 什麼是終身壽險和定期壽險？……118
第17章 如何在對的時間，將對錢，給對的人？……122
第18章 什麼是債？債務一定是壞事嗎？……130
第19章 預防債務，從「減糖理財」開始……134
第20章 信用卡與背後的「信用分數」……137
第21章 債務還款計畫：優先處理高利率債務……143
第22章 槓桿很可怕，千萬不要碰？……148

第23章　這是詐騙嗎？常見的金融詐欺態樣與識別……154
第24章　收集帳戶、借戶頭，都可能觸法？……160
第25章　貧窮的本質……164

PART 4 用錢推動世界

第26章　錢從哪裡來？……170
第27章　什麼是利率？它如何影響借貸和儲蓄？……173
第28章　什麼是指數？……178
第29章　世界上第一張股票哪裡來？……183
第30章　利息怎麼會有「負」的？……187
第31章　景氣好壞，就看就業好壞……191
第32章　製造業的晴雨表：ＩＳＭ製造業指數……195

PART 5
投資的思考

第33章 購買基金該怎麼做？心理帳戶如何影響我們的選擇？……198
第34章 房市好嗎？看看房價指數……205
第35章 為什麼消費者信心指數很重要？……210
第36章 比特幣是真正的貨幣嗎？……214
第37章 為什麼愈打，房價愈高？央行打房的底層邏輯……219
第38章 美元指數有什麼重要之處？……224
第39章 避險？風險？可以買南非幣計價的基金嗎？……230
第40章 投資債券基金，一定要了解的兩件事……234
第41章 債券基金的報酬與風險……239
第42章 景氣燈號亮紅燈，立刻賣可能會賣太早？……244

第43章 季節效應真的存在嗎？……251
第44章 風險與不確定性的差異……256
第45章 如何看待「永續投資」？……260
第46章 金融創新的核心：資產證券化……264
第47章 配股好還是配息好？……270
第48章 通膨大爆炸……275
第49章 經濟周期與投資策略的搭配……280
第50章 技術分析到底準不準？……284
結語 「時間配置」比「資產配置」更重要？……289

自序

金融素養，從自己開始

《富爸爸、窮爸爸》（*Rich Dad, Poor Dad*）作者，羅勃特・T・清崎（Robert T. Kiyosaki）曾經說過：「社會教我們如何成為勞工，為他人工作，幫其他人賺錢，卻不教你如何致富！」我當時聽到這段話，真的是震聾發聵！心想，為什麼我沒有早幾年想清楚這件事？

學校教育讓孩子具備專業技能，卻未曾有計畫地培育我們的金融素養。我們的金融素養更多是隨著自己的家庭，模仿父母親的理財行為而養成。無奈的是，我們父母輩的理財行為到了今天，可能已經不合時宜，或他們可能也不具備金融素養。這也就導致了貧窮的世襲。

你可能也已經注意到近年一個重要的政策變動——民法已經正式將成年的年齡下

修為十八歲。十八歲的少年已有權決定自己的生活，包括就學和就業，不再需要父母的同意。其次，他們也有權簽訂合約以及處分自己的財產，包含申請信用卡、銀行開戶、買賣手機、租房子。此外，他們得同時承擔起成年人的法律責任，一旦違法，必須自己負起責任。

法令正式實施之後不久，馬上就有商人注意到這群迷惘羔羊，畢竟現在的商業環境極為競爭，很多行銷手法對於老鳥們已經沒有吸引力。曾有媒體報導電信經銷商透過「老鼠會」的形式，在校園吸收學生，最終因學生還不出電信費，全案才曝光。欠缺金融素養所衍生的問題已經不單單是金錢的損失而已，還可能導致年輕人終身陷入債務螺旋。

而當今社會，金錢和金融問題也經常成為人們生活中的壓力源，理解和應對金融挑戰，是每個人都應該具備的金融素養。因此，我試圖透過這本書，勾勒出金融素養的基本框架。希望能協助讀者建立正確的金融觀念和價值觀，藉以培養良好的金融意識和財務管理能力。

首先是預算管理與儲蓄。從預算制定出發，並不是說有目標就一定能達成，相對的，這只是讓你有機會先沉澱下來，想清楚自己要的到底是什麼。而在累積財富的過程中，儲蓄是不可或缺的一環。我也想與你談談「總是覺得賺得不夠多，所以存不下錢」的情況。

其次，我們不能忽視風險管理。透過適當的風險管理，可避免或降低可能發生的損失，使我們的金融狀況保持穩定。除了人身風險或財務風險，還必須留意各種詐騙風險，這些潛藏的危險因子會出現在我們的社交軟體、投資交易以及朋友圈之中，只能靠自己在日常生活中對資訊安全及金融常識有一定的理解與實踐才有可能防範。除此之外，我們也可能需要透過商業保險或國家的職業退休金，來規避我們退休後的長壽風險。

接下來是債務規劃。許多人對債務是必之唯恐不及，認為只有理財不佳才會背上債務。事實上，債務可區分為「好債務」與「壞債務」。富人與多數人想的不一樣，他們不是只有錢，通常也伴隨著負債。透過明智的債務規劃，可以減輕債務負擔，進一步提升生活品質。

當然，我們還會談到投資。我並不打算直接告訴你該買什麼股票，或是要選哪種基金。我將帶你從金錢的底層邏輯談起，接著討論到影響投資決策的重要因子，包含對經濟基本面的解讀。「存股賺第一桶金」或是「靠基金賺大錢」，對我們而言都只是結果，唯有對投資的底層有更多理解之後，自然可以透過選擇適合的投資標的，獲得最好的收益。

最後，這本書除了知識性的資訊，更重要的是希望能引發讀者對金錢反思，不只是一個月的薪水有多少可以花，而是要將想像與現實接軌。

過去我在執行「青少年理財營」的課程時，其中有一個環節，可能是讓這些未來的主人翁第一次感受到人生殘忍的瞬間。學生們可以先挑選他們的生活型態，包含住的房子、開什麼車，小孩或是寵物的數量。接著，他們可以在報紙的求職欄上尋找他們有興趣的工作。最後，我會揭露每一種生活型態所需要的收入，以及他們所選工作的薪水數字。

課堂中的學生在揭曉答案的那一刻，面對衝擊感，常有兩種反應。一是「我要認真、要努力」，另一種則是「我躺平好了」。

現實生活中的你也可能是如此。與其面對社會的殘忍時感到失落不平，不如提前看清楚金錢世界的原理吧！

PART 1

想像未來

我們喜歡想像未來將擁有的事物，
例如屬於自己的房子、車子……
重點是，如何達成？

第1章

你有夢想嗎？制定財務目標和計畫

在航海的世界中，無論船隻多麼堅固，舵手多麼熟練，如果沒有明確的目的地與規劃，都可能在茫茫大海中迷失方向。同樣的，**在金融的海洋裡，確定財務目標和制定計畫也是最重要的事**。

不論是帆船還是豪華遊艇，船長都必須以目的地為導向，並根據氣象、海流、船隻狀況等因素制定出最佳航線。這就是他們的航海計畫，是抵達目的地的關鍵。

在我們的財務旅程中，財務目標就如同航海中的目的地，我們希望能穩健投資、實現資產增值，或許還想要為退休生活做好充足準備。這些目標為我們的金融行動提供了方向，讓我們知道需要朝著何種方向努力，並根據這個目標來做出相關的財務決策，好比如何儲蓄、投資以及消費。

確定財務目標

首先，我們需要確定我們的財務目標。這些目標可能涉及短期和長期的財務需求，例如購買一輛新車、支付學費、購置新家或規劃退休生活。這些目標需要具體、量化，並且要有時間限制，可用「SMART」原則來檢視目標，即是否符合「特定」（Specific）、「可衡量」（Measurable）、「可達成」（Attainable）、「相關性」（Relevant）、「時間限制」（Time-bound）。

一個符合SMART原則的財務目標可能是這樣的：我打算在接下來的五年內，每月儲蓄五千元，以累積三十萬元的資金，作為購置新車的頭期款。

這個目標是特定的（購置新車的頭期款），是可衡量的（每月儲蓄五千元，五年後達到三十萬元），是可達成的（每月儲蓄五千元是一個實際可行的數字），是相關的（直接與購車這個目標相關），並且有時間限制（五年）。

相反的，一個不符合SMART原則的目標可能是：我希望能夠有足夠的錢購買一輛新車。

這個目標缺乏特定性（沒有明確指出需要多少錢），不易衡量（沒有設定儲蓄的數量或時間），可達成性欠佳（沒有明確的計畫），缺乏相關性（沒有說明與個人狀況的關係），並且沒有時間限制。

制定財務計畫

有了明確的財務目標後，我們需要制定財務計畫來實現這些目標。如同船長的航海計畫，我們需考慮資金來源、投資策略、風險管理等因素，來制定最佳的路線，也需衡量各種可能影響我們財務狀況的因素，例如利率變動、經濟環境變化、法規政策轉變、工作穩定性等。

以前述購車為例，接下來，我們要思考這五千元的資金來源，例如在發薪日後直接從薪資帳戶自動轉帳到「圓夢帳戶」。這個圓夢帳戶也可能會牽涉到我們的投資策略。舉例來說，如果要用台股的定期定額，就是轉入證券戶；用基金定期定額，則轉入基金帳戶。

投資策略選擇與制定，通常是變數最大的一塊，一句老生常談是：「高報酬伴隨高風險」。以定存當作投資工具，優點是風險低、可預測性高，在報酬率很低的情況下，依然仍夠保底地達成目標。但如果你希望把存錢時間縮短為三年，除非提高每個月儲蓄的金額，否則要達成目標的可能性就非常低。

相對的，如果選擇台股作為定期定額的投資標的，你則必須對台股可能可以貢獻的報酬率以及他的波動風險有所認識才能做適切的評估。比如元大台灣50（0050）長期的年化報酬率是一〇％，波動度是二〇％，假設報酬率固定在一〇％的情境下，三年可以取得二十七萬左右的總資金，相當接近目標。但難就難在這並不是保證的數字，約有七成機率台股的年報酬是在三〇%與負一〇%之間波動。當然這也就意味著你的購車頭期款存在著變多或是變少的風險。而不同的投資商品可能創造的報酬率與風險也不盡相同。

因此，制定財務計畫不是數學的計算，相對的，其實是一個自我察覺與對話的過程，以及優先順位的排序。如果務必完成一個目標，不論最終金額與完成時間都需要精確無誤，只有定存一種方案，才能確保萬無一失。如果目標具有部分彈性，例如是國產車與進口車的差異、早一年買或晚一年買的差異，這便需要我們做出取捨。

實施與監控財務計畫

制定了財務計畫後，我們需要採取行動來實施這個計畫，並不斷監控其進展。這可能需要我們調整生活方式，例如削減一些不必要的支出，或尋找增加收入的途徑。

同時間，我們可能有多個不同的財務計畫與目標正在進行，每個計畫的達成效果可能也都有差異，此時優先順序的重要性便浮現出來。例如到底是買車，還是準備人生的第一桶金？假設第一階段目標都是三十萬，但實施計畫的過程中，只有你自己知道，哪個要優先完成。

最重要的，持續監控和評估計畫的效益，確保我們正朝著目標前進。

建立財務目標後為何經常失敗？

就算制定了財務目標，可能還是會遇到一些挑戰。例如：

一、**缺乏資訊**

在許多情況下，我們可能由於缺乏足夠的資訊而無法做出正確的決定。因此，我們需要不斷學習和了解新的資訊，以便做出更好的選擇。

二、**缺乏自律**

有時候，我們可能會因為缺乏自律而無法堅持我們的財務目標。要達成這些目標，我們需要有強烈的自我紀律和毅力。

三、**未能應對突發事件**

突發事件可能會打亂我們的財務計畫，例如經濟變動或個人財務狀況變化等。因此，我們需要有應對這些突發事件的策略。

與此同時，我們也要了解，建立財務目標並不僅僅是制定一個計畫。我們還需要根據我們的目標來進行調整和改變。這就好比船長在航行過程中，必須時刻關注海象變化，確保航行的路線符合目的地的方向，同時避開可能的風浪險阻，甚至暫時停靠在港口，等待風浪過去。這可能需要時間和努力，但唯有這樣，我們才能達到我們的財務目標。

專業的財務諮詢可以在我們追求財務目標的過程中提供寶貴的幫助，各種財經書籍和網路資源也能增進我們的財務知識。這些管道都能給予我們需要的資訊，讓我們更釐清自己的財務目標，以及應對可能遇到的挑戰。

無論貧富，我們都該有一個財務夢想

不論你的口袋是空的還是滿的，我們都該有一個財務的夢想，就像在夜晚仰望星空，找尋自己的星座一樣。這樣的主張聽起來或許有些難以理解，甚至有些愚蠢，但我想告訴你，這個夢想有著遠比你想像中深遠的涵義。

首先，**設定財務夢想，就像在茫茫星空中找到了自己的北斗七星**。無論你現在的經濟狀況如何，有一個清晰的目標都可以為你的生活指出方向。這個北斗七星不僅可以指引你在物欲橫流的世界中不迷失自我，還能激勵你奮力前行，一步步接近夢想。

其次，**設定財務夢想，就像培養一棵會結出金果的樹**。無論你目前有多少資源，學會如何照料和管理這棵樹都是一種寶貴的技能。唯有具體想像夢想，我們才能更深入了解自己的現狀，並學習在日常生活中如何節約和投資。

最後，**設定財務夢想，有助於我們創造更美好的生活**。透過理性地照料自己的夢想之樹，我們不僅能確保基本生活需求的滿足，還能開創更多的機會和可能。

總而言之，無論你現在的經濟狀況如何，設定財務夢想都是一種對未來的智慧投資。現在就開始理解和設定你的財務夢想，將有助於你在未來的生活中更好地管理自己的資源，並且實現自我價值。

第2章

如何儲蓄和投資，以應對突發支出和緊急情況？

我曾看過網路上一篇文章，提到因為存股風氣很熱門，一位大學生認為「年輕就是本錢」，加上債券市場正熱，除了留下近兩萬元的存款，其他閒錢全都丟進去債券市場領息。

但他同時也在猶豫，手邊的存款是否留太多了？再拿出一萬五千元「存債」，好像也不是不行。若真有急用，馬上賣掉就可以了。

你也抱有同樣的想法嗎？也許我們可以先來談談「存錢」背後的兩個面向。

我們永遠不知道什麼時候會遇到緊急情況，這就是為什麼我們需要有一筆儲蓄作為安全網。而投資則可以幫助我們的儲蓄增值，為未來的突發事件提供更多的保障。

面對突發支出和緊急情況，必須提前做好儲蓄和投資的優質規劃。首先，我們需要了解這些情況的性質，並確定自己的經濟狀況能夠承受發生這些情況的壓力。

儲蓄的觀念

對於儲蓄，首先要確立的核心觀念是：**儲蓄的金額並不是重點，儲蓄的習慣才是重要的**。建議每個月的收入，至少有一〇%要存入儲蓄帳戶。此外，我們需要建立一個「緊急儲蓄基金」，包含至少三至六個月的生活費用，以應對突然失業、疾病或其他緊急情況。

例如，月收入為三萬元，則應存至少三千元。而若每月的開銷是一萬五千元，你的緊急儲蓄基金就應該有四萬五千元至九萬元。

儲蓄和建立緊急儲蓄基金都是個人財務管理的重要部分。儲蓄可以幫助你應對未來的大筆開銷，例如購買房屋、車輛，或支付學費。在緊急情況下，緊急儲蓄基金可以提供經濟保護，避免你因為緊急開銷而陷入負債。

儲蓄是一種長期的承諾，並需要維持一致的行動。別因為儲蓄的金額小就覺得沒有價值，每一分錢都是財富的積累，也是確保你的財務安全和獨立的關鍵。

以存股或債券ETF當作緊急預備金？

投資是另一種保障我們需要用錢時的重要工具。透過投資，我們可以增加財富，甚至在緊急情況中得到額外的金流。然而，投資必須有策略，要確實了解自己的風險承受度，並選擇合適的投資方式。

理財新鮮人在緊急資金管理方面，可以注意這三點：

一、**風險控制**

投資的原則之一就是要能承受風險，特別是將投資作為突發和緊急支出時，我們應該選擇風險低的投資工具。例如定存、儲蓄保險或債券等，這些工具雖然利潤相對較低，但風險也相對較小。

二、**資金流動性**

在面對突發或緊急支出時，能夠迅速將投資變為現金的能力是非常重要的。因此，選擇資金流動性高的投資工具，如儲蓄帳戶或短期債券，會比較適合作為突發和緊急支出的資金來源。

三、**分散投資**

將資金分散投資於不同的投資工具，可以分散風險，降低可能損失大量資金的機率。此外，不同的投資工具可能會在不同的時間點上帶來利潤，分散投資也可以確保無論何時都有現金流入。

總而言之，將投資視為突發和緊急支出的資金來源，需要精心規劃、謹慎操作。選擇適合的投資工具，並採取適當的風險管理措施，才是考慮的重點。

第3章

掌握福格三因子，就能更快存到錢

新的年度到來時，不知道你是不是也會為訂個新目標？比如減肥幾公斤？或是學好英文？還是想要存錢買房子？然而，仔細想想今年的目標，是不是去年沒做到、前年承諾過、大前年就訂定的目標？為什麼老是想存錢，卻存不到？史丹佛大學的福格（BJ Fogg）博士認為，要使人們行動起來，有三個不可或缺的要素。

這三個要素，首先是充分的「動機」（Motivation），其次是能做到這件事的「能力」（Ability），再來是促使人們付諸行動的「提示」（Prompt）。這就是知名的「福格行為模型」（Fogg Behavior Model）。這三個因素互相結合，便能確定一個人會否採取某種行為。

我們就利用「福格行為模型」，來看看怎麼樣順利地存到足夠多的錢。

動機是如何產生的？或許你會覺得應該是理性分析出來，好比是因為我們閱讀很多文章，同時也蒐集很多資訊，然後經過邏輯思考得出的結論。但我們每年都看了很多書、做了很多功課、下定決心要存錢，為什麼都會半途而廢？讓我們坦承面對自己吧！我們做決策並不完全是理性分析，大多是被情感所驅動。

了解「動機」

動機，是指一個人做某事的內在驅動力。比如我們都有省錢的動機，因為我們想要為未來的生活提供保障，或者實現某些夢想。

人類的大腦不是一個決策整體，而是一對同時存在的自我連體嬰。這兩個自我，其中一個是短視的衝動者，另一個是長遠的計畫者。做決策時，負責長遠規劃的理性部分，由大腦的前額葉皮質發動。這是人類大腦相對現代的結構，它負責抽象思維和解決複雜問題。衝動則是由大腦的邊緣系統發起，這個結構又被稱作「蜥蜴腦」，主要負責控制人類對危險、性行為，以及其他與生存密切相關的活動。

前額葉皮質明白今天的瘋狂消費會導致一個月後付不出帳單，但蜥蜴腦則完全不考慮未來的後果，因為蜥蜴腦只專門負責處理眼前的危機。在決策中，蜥蜴腦總是可以完勝前額葉皮質，因為當人看到自己想要的東西時，蜥蜴腦會立即啟動，釋放多種神經遞質，比如刺激衝動的去甲腎上腺素，以及產生快感的多巴胺，促使我們快速行動。這種不自主的思考就是我們的直覺，有時候也被稱為「內心的聲音」。

因此，我們想存錢的動機無時無刻都受到蜥蜴腦的挑戰，這也就是為什麼你應該「先付錢給自己」，好比當薪水入帳時就直接先扣留一部分存起來，不能等著有剩錢的時候才去存錢。

了解「能力」

能力，指的是一個人有無執行某種行為或任務的實際本領。比如，一個人想要存錢，但如果收入不足，或沒有良好的財務管理能力，那他也難以存到錢。

福格建議，為了增加實施某個行為的可能性，我們要先弄清楚是什麼原因阻礙我們完成這一活動。舉例來說，當商品降價的時候，人們購買量就會增加，這是經濟學的一個基本概念。以福格行為模型來表達即是：降價能提升人們購買商品的能力。

一個經典的歷史故事能夠說明這種情況：美國的大蕭條時期，許多人都失去了工作，經濟生活困苦，生活品質銳減。人們的購買力大大降低，經濟萎靡不振。在這種困境中，當時的美國總統，小羅斯福（Franklin D. Roosevelt）提出了一個大膽的計畫，稱為「新政」，也就是聯邦政府透過財政政策的介入來刺激經濟。

新政的一項關鍵政策是創造就業機會，提供公共工程和工資，這樣即使是經濟困苦的人也能找到工作，獲得收入。如此一來，人們的購買能力就會提升，達到刺激經濟的目的。

新政政策的實施，使美國的經濟逐漸恢復活力，讓人們重拾信心。這是一個能力提升後行動力會加強的具體例子，也是福格理論的歷史證據。

我們可以看到，當人們的能力被提升，比如購買力提升，更有可能進行消費行為，從而帶動經濟的發展。這裡的能力提升就像是一個引擎，推動著行動力的提升，以及隨之而來的經濟效益。

了解「提示」

提示是指某個情況、事件，即刻引發一種行為反應的情況。比如，你可能已經有動機和能力存錢了，但你還需要一個提示以把你推向行動，可能是一個省錢的機會，或者經濟危機等。

兩個強而有力的提示，常常對你的蜥蜴腦招手。首先是「稀缺效應」，也就是物以稀為貴。愈買不到的東西，就愈想要。

一九七九年，研究人員曾經進行了一次實驗，他們將兩個相同的玻璃罐擺在受試者面前，在其中一個罐子裡放入十塊餅乾，另一罐只放了兩塊。雖然餅乾沒有差別，玻璃罐也一模一樣，但受試者顯然更珍惜較少塊的那一罐。物以稀為貴，這個觀點影響了他們對餅乾的價值判斷。

不知道是真的生產不易還是商家有意為之，蘋果公司（Apple Inc.）的新手機上市，總是供不應求，要等上好幾個禮拜才能夠拿到貨。專賣店的手機都是展示品，不能買。這種感覺會讓你想要立刻下單。

其次，在一次社會學實驗中，世界級小提琴家約書亞．貝爾（Joshua Bell）在華盛頓特區的一個地鐵站進行了一場免費的音樂表演。如果是平時，人們只能在甘迺迪表演藝術中心或卡內基音樂廳這樣的地方才能欣賞到貝爾的演出，單人的票價甚至高達上千美元。但當表演地點改在了地鐵站，幾乎沒有一個路人意識到，這個演奏者正是全世界最有才華的音樂家之一。而這就是「環境效應」。

蜥蜴腦會根據我們所處的環境，在短時間內做出快速的判斷，然而這些判斷有時候並不準確。貝爾在地鐵站免費演奏時，幾乎沒有人駐足聆聽，但同樣的演出改在音樂廳，人們會不惜花高價去認真欣賞。同樣的，一間網美咖啡廳裝潢得美輪美奐，下午茶、甜點猶如珠寶盒般精緻，但你消費的可能不是茶點，而是這間咖啡廳的氣氛與風格，同樣一杯咖啡在不同場地，你可能不願意付出這個代價。

透過福格行為模型，我們能進一步理解我們的金融行為，比如我們為什麼節省？或為什麼投資？這些行為會在某些情況之下出現。接下來，我們就能依據這個理論來改良這些金融行為，進而更有效地管理我們的財務。

第4章

存錢妙招助你多賺利息

如何有效地將資金轉化為更多的利息？對於理財新鮮人或小資族來說，最簡單的方式就是利用存款。現在也有許多靈活的存錢方法，能夠更有效率地實踐資本的價值和穩定的財務增長。

一般帳戶和數位帳戶

在眾多帳戶類型中，一般帳戶與數位帳戶的差異最為明顯。一般帳戶的開設需要親自赴分行進行，並會提供實體存摺和提款卡。然而，數位帳戶無需實體存摺，只提供提款卡，用戶可以直接在線進行開戶，透過手機 App 掌握存款資訊、信用卡消費紀錄以及進行轉帳。

數位帳戶在申請和業務辦理上，不受時間和空間的限制，對一般繁忙的上班族來說，無疑是一種極大的便利，不需再請假赴銀行。此外，銀行還會根據不同的活動周期，提供數位帳戶專屬的優惠存款計畫，相較於一般帳戶，這些優惠更具吸引力。因此，數位帳戶被廣泛認為是上班族、小資族必須開設的帳戶。

不同的存款類型：活存、活儲、定存、定儲

在我們日常生活中，銀行存款是最常見的儲蓄方式。然而，不同的存款類型對應著不同的儲蓄目標和收益。了解這些存款類型的特性和適用情境，可以幫助我們更有效地規劃個人財務。

最常見的存款類型共有四種，分別是活存、活儲、定存和定儲。

- **活存：**也被稱為活期存款，是最基本存放金錢的方式。它的特點是存款和取款非常靈活，不受時間和數額限制。然而活存的利息通常較低，主要用於日常生

活的流動資金需求。開戶門檻是新台幣一千元。

- **活儲：**與活存相似，活儲也是一種能靈活存取的存款方式。而與活存不同的是，活儲僅限個人（自然人）、非營利法人開戶。
- **定存：**又名定期存款。定存的特點是存款期限固定，期限內不能提取，否則將扣除利息。定存的利率通常會高於活存和活儲，但是流動性較差。開戶門檻是新台幣一萬元。因此，定存適合用於長期保存金錢和投資。
- **定儲：**是一種具有固定存款期限和固定存款數額的存款方式。定儲的利率通常也會高於活存和活儲，並且具有較高的保障性。而與定存不同的是，定儲也僅限個人（自然人）、非營利法人開戶。

什麼是整存整付？零存整付？

收入產生的方式可能因為工作性質不同而有差異，一般上班族可能是每個月有固定一筆收入，因此能夠用於儲蓄的資金相對也較容易預估。而某些業務性質的工作，例如房仲，則可能是幾個月才會有一筆較大的收入。因此，不同的現金流產生方式，其實也有對應合適的儲蓄方案。

- **整存整付：**是一種銀行的存款方式。特點是存款人在存款期間不得提前提取本金，存款到期後，銀行會一起返還本金和利息。整存整付的存款利率通常較活期存款利率高，因為銀行能確保在一定期間內使用這筆錢。這也使得整存整付成為一種低風險、高回報的儲蓄方式。
- **零存整付：**存款人在固定期間內，定期存入相同的金額，直至約定的期限結束。而在這段期間，存款人不可以提取存入的金額。與整存整付相比，這種方式更具彈性，適合預算有限且希望穩定儲蓄的人。零存整付的利率通常稍低於整存整付，但仍然比活期存款的利率高。

選擇整存整付或零存整付因人而異，主要取決於個人的財務狀況和目標。如果希望一次性存入一大筆錢，並在一定的時間內獲得比活期存款更高的回報，可以選擇整存整付。而如果希望透過定期存款來穩定儲蓄，零存整付可能是更好的選擇。

如何計算存款利息？

了解存款利息的計算方式，對於掌控個人財務來說是一項基本技能。存款利息的計算方法有許多種，首先需要知道的是你預計存入的金額（稱為「本金」）、各銀行的利率標準、預期的存款期間（通常以年為單位），以及是採取「單利」還是「複利」來計算。

單利的計算方法

基本的利息計算方法，是將存款金額乘以利率，然後再乘以存款期間。在此處，利率通常以百分比表示，因此在計算中需要將其轉換為小數。例如存入一萬元，利率為三%，存款期間為兩年，那麼利息將為六百元（10000×0.03×2＝600）。

複利的計算方法

複利計算與基本的計算方法略有不同，它將計算過程中產生的利息再次投入計算。換句話說，你將賺取利息之上的利息。這種方法的計算公式為：

$$\text{本金} \times (1 + \text{利率})^{\text{存款年分}} - \text{本金}$$

例如存入一萬元，利率為三%，存款期間為兩年，第二年開始產生複利，利息將為六〇九元（$10000 \times (1 + 0.03)^2 - 10000 = 609$）。

理解存款利息的計算方式，不僅可以幫助你預測你的存款或投資可能會帶來多少回報，更可以讓你做出明智的儲蓄和投資決策。例如，你可以比較不同銀行或理財產品的利率，從而選擇最能增加收益的選項。此外，了解複利的運作方式，將有助於你把握時間的優勢，讓你的錢更有效地為你工作。

四個關鍵，確保存款收益

如果你選擇透過利率較高的定存或定儲來獲得較高的利息報酬，有四件事是重要的，它們可以確保你的儲蓄收益得以最大化。

一、**一定不要提前取**

如果選擇提前解約定存，這對你的財務狀況可能會有不利的影響。為什麼呢？因為提前解約定存，銀行將會以活期存款利率計息，而非原本的定存利率，預期收益將會大幅下降。你應該確保自己能夠在預定的期限內不需要使用這筆錢，避免提前取出儲蓄，導致失去一部分本應得到的收益。

二、**到期一定要取**

如果您的定期存款到期，但沒有續存或將其轉換為新的定期存款，銀行將會以活期存款利率計息。這意味著你將以較低的利率接收利息，不再享有較高的利率收益。這在金融上被視為一種浪費——已經投入時間和金錢，卻沒有獲得應有的回報。

三、計算時間成本

在做出儲蓄決策的時候，應該將時間成本納入考慮。投資的時間愈長，收益潛力可能愈大，但是風險也可能會提高。

舉例來說：假設你有十萬元，你可以選擇存入銀行一年定存，年利率為二%。一年後，你可以得到十萬元本金加上二%的利息，即十萬兩千元。這是一種相對穩定且風險較低的選擇。但如果你選擇將這十萬元用於購買保險，假設年收益率為四%，那麼一年後你可能會獲得四千元。這看起來可能更有吸引力，不過保單通常需要更長的時間才能發揮效果，可能至少要六、七年，此時解約保單才可能回本，而預估的四%的收益率則要更久後才可能實現。

因此，在做出儲蓄或投資的決策時，我們必須權衡收益與風險，並考慮到時間成本，幫助我們做出更明智的金融決策。

四、加強風險意識

所有的投資都有風險，包括儲蓄。最基本的風險意識包含保管好存摺印鑑，這是我們財務資訊的關鍵，一定要妥善處置，尤其不應交給第三人保管，以防止任何不必要的財務風險。

此外，我們不應簽署空白的交易文件，因此舉可能會導致無法控制的財務風險。無論是否為理財新鮮人，都要特別注意這一點。

第5章

錢不夠？設立和管理個人預算

許多年輕上班族，經常出現月底銀行帳戶餘額花光光的情況。面對這樣的情況，幾乎不例外的，每一位討論投資理財的作者都會提醒你：應該開始記帳了。

記帳是建立與管理個人財務的第一步，但是記帳過程太瑣碎麻煩，導致人們往往無法持之以恆，我以前也是這樣。因此，我想談談如何利用新的理財工具，來協助自己完成記帳的工作，並進一步從記帳中，找到理財的機會。

記帳之前，我們需要先清楚地看到自己口袋裡的錢是如何被使用的，也能更有效地控制自己所擁有的財務。這包括以下幾個步驟：

第一，確定你的收入。你需要清楚了解你每個月的總收入是多少，包括薪水、獎金、投資收益等。

第二，列出你的固定支出。這些支出包括房租或房貸、水電瓦斯費、食物和交通等必要的生活開銷。

第三，考慮你的變動支出。這些支出可能會根據你的生活狀況或者個人選擇而變動，包括娛樂、旅行、購物等。

第四，設定你的儲蓄和投資目標。你應該將一部分收入用於儲蓄和投資，以達成自己的長期財務目標。

第五，追蹤你的支出。記錄和分析所有花費，確保支出不會超出預算。

第六，定期檢視和調整你的預算。隨著生活狀況和財務目標的改變，你可能需要調整自己的預算。

這是一個持續的過程，需要你不斷地追蹤、評估和調整。但只要能妥善管理你的預算，你就能有效地控制你的支出，並且可以達成你的財務目標。

了解個人財務的好處

知道自己能支配多少金錢，能帶來許多好處。首先便是**增強財務控制能力**。你可以清楚了解自己的錢到底去哪裡了，可以更有效地控制你的錢，避免不必要的支出，並確保你的收入被妥善使用。

再者，當你知道自己的金融狀況，並且有計畫地管理你的錢，你就能**減輕金融壓力**。不必擔心帳單如何支付，也能夠在面對突發性支出時，避免陷入財務困難。

此外，個人預算可以幫助你**確定財務目標**，並制定策略來實現這些目標。無論你的目標是儲蓄、投資，還是償還債務，有明確的預算可以幫助你將目標具體化，並踏上實現這些目標的道路。

最後，**提高金融自由度**也是好處之一。當你有了明確的預算，你就有更大的自主性去做出金融決策，如購買新的物品，或者進行投資。不是被金錢束縛，而是可以自由地做出決定，並享受你的生活。

如何開始無痛記帳？

既然了解自己的財務狀況這麼重要，那麼，該如何利用一些工具開始記帳呢？我最常使用的是手機上的記帳 App「MoneyBook」，又稱作「麻布記帳」。

這個記帳軟體與一般記帳軟體最大的差別，在於連結了各家的銀行帳戶，包含我們所擁有的信用卡、證券帳戶、以及悠遊卡、電子發票等，在我們每次消費或是帳戶內有交易發生的時候就自動記帳，同時辨識這筆交易的歸屬，完成歸類。將分散在各家銀行的資訊，整理在一起，真的很方便。

之所以能讓軟體幫助我們無痛記帳，也是拜幾個技術的改變之賜。如果你尚未使用過以下幾個小工具，不妨嘗試看看，會讓你更輕鬆地開始理財的第一步。

首先是**電子發票**，現在我已經養成習慣，只要店家有電子發票，我都會請店家「掃描手機載具」，這樣就可以讓電子發票全部歸檔，甚至再也不需要於開獎的時候自己對獎了，載具會自動幫你對獎。

我使用的 App 是「發票存摺」，同時連結麻布記帳後就一併完成發票的紀錄。

其次是**行動支付**，不論是 Line pay、街口支付等，只要連結了銀行帳戶或信用卡，這裡的每一筆交易，都會被麻布記帳自動記錄起來。以我來說，最常消費的地方是辦公室樓下的超商，使用行動支付能讓零零碎碎的花費自動被記錄下來，過程中完全不會感到麻煩。

有了行動支付後，剩下的大多是我們去提款機領現金後付現的交易。就我個人的觀察，每個月自己提領現金的次數幾乎不超過五次，且大多用於需要付現的攤商，於是我只要將這些小額的現金支出通通歸類為餐費就好了。

透過記帳軟體的幫助，我們能明確自己每個月自己的各種收入、固定支出與變動支出。同時，負債部分（如信用卡消費）也會很清楚地揭露。透過軟體的協助幾乎是一目了然，甚至每個月能不能做到收支平衡，也很容易觀察得出來。

其實，記帳本身不難，難的是持之以恆。你也可以多多嘗試不同的軟體，打造專屬於自己的記帳流程。

補充個人預算小工具

提供一些值得一試的個人預算管理 App 你或許能在其中找到最適合自己的：

- **記帳 App**：這類型的 App 可以幫助你記錄每一筆的收入和支出，讓你清楚了解自己的財務狀況。例如「Money Manager」、「麻布記帳」。
- **投資 App**：這類的 App 可以讓你追蹤投資組合的表現，並提供關於投資的教育資訊。例如「投資先生」、「三竹智選股」等。
- **財務規劃 App**：這類的 App 可以幫助你制定長期財務目標，如儲蓄、退休、大型購物等目標。例如「存錢記帳」。

第6章

讓你留不住錢的「拿鐵因子」

一個在大都市裡打拚的年輕人，每天早上去上班，中午在外吃飯，下午茶時間喝一杯短暫休息的咖啡。一天下來似乎平平淡淡，沒有什麼大花費，這就是他每日的生活節奏，一年三百六十五天，全年無休。

某一天，他突然從朋友口中聽到了「拿鐵因子」的概念，好奇之下開始探索這個現象。咖啡的費用如以一天一杯計算，一個月將近一千五百元，一年就是一萬八千元。這讓他很驚訝，自己一年花了上萬元喝咖啡嗎？

大衛．巴哈（David Bach）將這些開銷稱之為「拿鐵因子」，拿鐵因子是一種金融觀念，意指那些日常生活中的小型支出，如咖啡、點心等日常開銷。這些在每一天看似微不足道的花費，積少成多，實是一筆相當可觀的金額支出。

其實你比想像中有錢

生活中有很多可有可無的開銷，這些金錢毫無感覺的從我們的指尖溜走，因為我們習以為常。透過計算，我們才有檢視與反思的機會。

試想，我們把未來的財富花在一些無關重要的小東西上，甚至在花錢時想都不想。好比可以在家裡煮咖啡，卻要去咖啡廳買；訂閱付費電視節目，卻沒空看。新衣服掛滿衣櫃，許多甚至沒穿過。這些都是可以省下的錢。

拿鐵因子不是要我們當個吝嗇的人，錙銖必較、不享受生活。而是知道哪些該用，哪些不該用。

拿鐵因子如何影響我們的財務規劃？

我們可以透過看一個具體的例子，來更深入了解拿鐵因子的影響。

假設一個人平均每天在需求以外的花費是一百元，那麼一個月就是三千元，一年就是三萬六千元。今年的花費看起來好像不多，但如果我們將時間範圍擴大到十年，那麼這個數字就飆升到了三十六萬元。

如果這筆錢可以投資在股市，並且每年有七％的回報率，那麼十年後的資產價值將可能超過五十萬元。這就是拿鐵因子的力量：小小的日常花費，積累起來就能成為一筆龐大的資產。

要避開拿鐵因子帶來的困擾，首要了解自我消費模式。進一步記錄自身每一筆花費的方式和時間，並透過使用個人預算管理工具來幫助追蹤花費。

另一個要點就是將金額細分，透過設立不同的儲蓄帳戶，並將定期薪資的一部分存入各個帳戶。這種方法可以幫助我們有自覺地將生活必需的開銷和奢侈品消費區分開來。

以我自己為例，以前我習慣早餐要走進超商買杯咖啡，但其實這單純是提供自己一個上班的儀式感，其實自己磨豆煮咖啡也是一樣。如此一來，我一個月就可以省下一筆錢。

現在，我只有在很忙的時候才買拿鐵，不僅可以帶來顯著的節省，還能兼顧生活，讓自己的日常變得更充實、更有意義。

每天早餐時的一杯外帶咖啡、看到商場促銷就買的零食、為了新手機而綁約的月租費等，以及不必要的外送費或海外刷卡手續費等，這些都是常見的拿鐵因子。一個月多花一千元，累積起來幾乎夠買一支定期定額基金了。

被動儲蓄，有效解決拿鐵因子

許多人會先設定每月的零花預算，來督促自己不要超支。這個角度沒有錯，但是單純只有設定預算的效益其實並不大。

我們其實要特別關注的，是那些「被動支出」。例如每個月自動扣款的健身房會員費、影音網站月費等，這些都是在你還沒有留意的時候，就已經從你口袋溜走的金錢。

反過來想，我們真正需要的，是**將儲蓄的過程化於無形，在你還沒有感知到錢流進來的同時，就已經完成了儲蓄**。「明智地把錢在能夠錢滾錢的地方，金錢就會像耕牛一樣勤奮地為我們工作。」

舉例來說，最簡單的「被動儲蓄」方式，就是每個月的「勞退新制帳戶自提」。在勞退新制中，雇主每個月會提撥薪資的六%到你的勞退帳戶當中，這些原本是你的薪水，但是在發到你的薪資帳戶之前，就先被提撥到你的退休帳戶去了。除了原本的六%，你還可以再自提六%。

勞退基金的操作並不算非常積極，但其有保證的最低收益，你的退休金將會為你辛勤的工作。在這個自動化的過程之後，你就能夠開始感受資產增加的樂趣。（另關於勞退新制與推休金的思考，請見本書第9章）

金融常識	參考作法
了解自我消費模式	每天早晨習慣在咖啡店購買一杯拿鐵，但這樣的小開銷最終可能形成一大筆經濟負擔。意識到這一點後，可以修改消費習慣，例如改為在家自行沖煮咖啡，便可避免拿鐵因子。
使用預算管理工具	可以使用諸如「記帳本」之類的預算管理工具來追蹤每一筆花費，並藉此分析消費傾向。例如發現自己無意識中將大部分的薪資花費在餐飲，而非用於其它生活必需品或儲蓄。
細分金額並儲蓄	設立專門的儲蓄帳戶，並定期將薪資的一部分存進去，這可以幫助我們清晰看見自己的財務狀況。也可將儲蓄分為三部分：日常開銷帳戶、緊急儲備帳戶、夢想資金帳戶，並有系統地分攤薪資。這種做法會讓人有更大的金融自主權，並幫助我們達到長遠的財務目標。

PART 2

打造餘裕人生

很多人認為
「財富自由」是理財的終極目標，
及早積攢好一大筆錢，
就能享受衣食無虞的好生活。
問題是，這個「一大筆錢」怎麼來？
人生真的可能如此高枕無憂嗎？

第7章 幾年存幾千萬退休，是在販賣焦慮，還是真能做到？

一名網友詢問：「四十歲，存款一千萬，可以退休嗎？」

這位網友目前三十三歲，住在家裡，不婚，開銷也不大，算一算每月的薪資加存股，年收入有八十萬元，一年固定存五十至六十萬元，目前也已有約五百萬的積蓄。他希望能在四十歲左右存到一千萬，之後計畫領股息退休。在有保險的情況下，四十歲存款一千萬，靠領股息生活，是可行的嗎？

你可以簡單想像一個「水庫模型」，你辛苦地提水上山，倒進水庫，就是你靠薪水所賺來的收入。水庫的水會自然蒸發，或被用掉了而減少，這就是你的支出。而在水庫旁挖一個水井，期待有一天水井能持續產生水，讓你不需要再下山去提水，這就是你的投資。而水庫的堤防則是保險保障。只要水井自然湧上的水與水庫流出的水保持平衡，便達成了財富自由。財富自由並不意味著奢華的生活，相反的，簡約節制更貼近現實。

二十五倍的年支出

就我的看法，前述這位網友的生活狀態，如果在存到了一千萬的情況下，想要退休是絕對沒有問題的。為什麼呢？因為他一年可以存下五十至六十萬元，換算起來一個月的生活開銷還不到兩萬元。單就數字上來看，一千萬對他來說是足夠的，甚至可能是太多了。

這怎麼說呢？事實上，任何人只要能夠依靠儲蓄或投資逐漸累積到年支出二十五倍的資產，就可以退休了。這位網友的年支出只有二十萬，二十五倍為五百萬。如果是以股票或是債券型基金來持有這五百萬，每年創造四％的報酬率，那麼一年就足以產生二十萬的收入，支應生活所需。

從水庫模型來看，這位網友具備提前退休的理由就是因為生活簡約、開銷低。自然流入的井水，已經等於流出的水了。只不過一年二十萬的支出預算，對大多數人來說並不現實，因為大概就是勉強應付日常開銷，如果想要出國去玩一趟，或是住宅要做較大幅度的修繕，都會捉襟見肘的。此外，住家裡可能很省，但是否家裡的主要開銷是由父母親支付的，這也都是需要考慮的部分。

在這個案例中，我還想特別留意這位網友在他已經存到的五百萬當中，他是以怎樣的形式持有的？來判斷他以一千萬退休的可行性。

假設這筆五百萬當中，七五％投資在股票（以台股為主，一部分存股，一部分做波段價差）。二〇％於銀行定存（打算之後空頭要轉多時再投資），五％是生活費與緊急備用金。顯然，他對於股票投資已經有一定程度的認識，這就讓整個計畫的可行性提高很多。如果都是靠定存，且沒有保險，那麼一千萬退休就遠遠不夠了。

我也想提醒，如果你想要嘗試投資，應該趁還在工作、有收入的時候學習，而不是等到退休有空了，才開始投資。購買保險也是基於相同的道理，我們將會在第12章專門討論。

退休的三大迷思

還是有許多人會擔心退休後錢不夠用，無論是存了一千萬或更多。其實，這正好反映了一些關於退休的常見迷思。

退休了不再工作，不再創造收入？

你認為一位六十歲的老先生都在做什麼呢？在家帶小孩？在公園下棋？含飴弄孫，頤養天年？這是過去的事了。事實上，此刻二十歲的人，有五成機會活過一百歲！現在四十歲的人，也有五成機會活過九十五歲。根據《100歲的人生戰略》（*The 100-Year Life*）一書作者，兩位倫敦商學院的教授，林達·葛瑞騰（Lynda Gratton）、安德魯·史考特（Andrew J. Scott）研究指出，傳統的三階段人生（求學→就業→退休）未來將不復存在。

未來的我們很有可能會在退休後重新創業，或是在上班的過程中，重新回到學校，學習新的學位。因此，跨年齡層的互動將變得更加頻繁，退休也將會成為一段新的人生的開始，而不是結束，《高年級實習生》（*The Intern*）這部電影所描述的內容可能成為現實。

現在的許多人，會在退休後找一些兼職。我的建議會是，不要像年輕時為了錢而工作，這個兼職的工作應該是要能與興趣或愛好結合。二〇一七年，蘋果公司的開發大會（WWDC），當時八十二歲的若宮雅子以世界上最年長的蘋果App開發者身分參加，特別受到執行長提姆·庫克（Tim Cook）歡迎，兩人相互擁抱留下合照。

若宮雅子六十歲從銀行退休，當時的她根本就沒碰過電腦，八十一歲時，她憑借自學，用半年時間寫出人生中的第一款手機遊戲，名為「女兒節祭壇」（Hinadan）。可見退休之後絕不代表不再工作，相反的，這可能是個讓你重啟人生的機會。

壽命延長，老的時間很長？

前面提到，現在二十歲的人，有五成的機會將活超過一百歲。可能很多人聽了會皺皺眉頭，心想：「天啊！我好老，我苟延殘喘的時間好長。」事實上，你並不是老的時間很長，相反的，你有相當長的時間做自己想做的事情。

比如，多數人應該不會懷疑模特兒是世界上對「美」要求最高的產業。俄羅斯有專門為六十歲以上人士推出的銀髮模特兒經紀公司。為愛馬仕（Hermès）拍廣告的超級名模，雅斯米娜・羅西（Yasmina Rossi）已經超過六十歲了，依然是個活躍於舞台上的時尚模特兒，能穿比基尼，同時也是位攝影師與陶藝家。奧地利也有一位時尚阿嬤，已經高齡九十四歲。看看這些例子，未來我們不是老的時間愈來愈長，而是活躍得愈來愈久。

愈早退休愈好？

很多報章雜誌或媒體會刊載某些理財達人靠股票或炒房提早退休的經歷，似乎暗示著退休愈早愈好。但必須特別留意，這些大多只是個案，相同的行情不會重複，相同的投資標的也不會重演，因此這些獲利模式是無法照抄複製的。同時，我們應該謹守最重要的一件事，就是不做無法承受的風險性投資；相對的，如果注意到投資失敗案例，反而應該停下腳步分析原因，並且引以為鑑。

重新規劃人生，追根究柢是一個與時間有關的議題：活一百歲，我們擁有的時間就更多了。如果用小時來計算，活到七十歲，一生約有六十一萬個小時；活到一百歲則達到八十七萬個小時。你將如何分配這些多出來的時間？你會把這些時間用來做什麼？如何安排不同的人生階段和活動？

退休，不應該是我們人生的終點站，我們有真正的機會擺脫三階段人生的限制，享受豐富職業的多階段人生。過程中可以休息，可以過渡，可以用更靈活、更積極的方式度過此生。

第8章

開始存退休金的時間愈早愈好

在一個小城鎮裡，有兩個好朋友，小張和小李。他們倆在同一家公司工作，月收入也非常接近。不同的是，小張從十八歲開始每月存一部分錢作為退休金，小李則到四十歲才開始存款。到了六十歲退休時，小張的退休金幾乎是小李的兩倍。

愈早開始存退休金，我們的錢就有愈長的時間去賺取更多的利息。這是一種強大的財富增長機制，稱為「複利」。即使每月存入的金額不多，只要堅持不懈，長遠來看，最終累積的金額將會讓人大吃一驚。

在金融策略中，一個基本但重要的常識是：理財計畫應盡早開始，而退休金的規劃更是不容忽視的一環。

何時應該開始投資退休金呢？理論上，當我們開始上班、有獨立的收入，就退休金的投資來說，此時就是一個適合開始的時間點。雖然退休看似遙遠，但及早開始規劃退休金不僅可以穩定資金增長，還能承受市場長期波動帶來的影響。

為何我們需要這麼早就開始規劃退休金？

有鑑於社會環境的變遷與經濟壓力的增大，早期的退休金規劃變得愈來愈重要。幾個主因是：

一、**人均壽命延長**

隨著醫療科技的進步，人們的平均壽命不斷提高，退休後的生活期盼也愈來愈長。因此，我們需要更多的資金才能在退休後的日子中維持適當的生活水平。

二、**社會保障制度的不確定性**

由於人口老齡化和經濟壓力，目前的社會保障制度面臨巨大的壓力。我們不能完全依賴政府的社會保障，因此需要自己規劃退休金。

三、**通貨膨脹的影響**

由於通膨的存在，物價將持續上漲。因此，我們需要提早規劃退休金，以便在退休後能夠應對物價上漲的壓力。

四、利用複利的力量

複利效應是一種金融現象，簡單來說，就是我們的投資收益會再產生收益。因此及早投資就能及早享受複利效應，長期下來，退休金將有更大的增長空間。

當我們從年輕時就開始規劃退休金，時間將會成為我們的朋友。複利的原理將使得我們的儲蓄逐步增加，從而在退休時提供充足的資金，保證我們在退休後能享有穩定的生活，實現我們的退休目標。

規劃退休金時該注意的事項

規劃退休金是一項長期且重要的金融決策，因此在進行規劃時需要特別謹慎。提供規劃退休金時需要注意的幾個方面：

一、提前規劃

提早規劃退休金是非常重要的。由於複利的作用，即使每月儲蓄的金額不多，長期累積下來也會有很大的效果。假設能從十八歲就開始規劃退休金，有助於創建一個長期的儲蓄計畫，並充分利用複利的效應來增加的儲蓄。

二、定期評估

規劃退休金不是一次性的事情，而是需要定期評估並根據自己的生活變化和金融環境的變動進行調整。例如收入增加，可能需要增加每月的儲蓄金額。如果金融市場的變動使投資組合出現風險，可能需要調整投資策略。

三、多元投資

在規劃退休金時，應該考慮到多元化投資。因為將所有的錢都投入到同一種投資當中是有風險的，如果投資失敗，很可能會丟失所有的錢。因此，你應該將資金分散到多種投資中，這樣即使部分投資失敗，也可以透過其他的投資獲得收益。

四、避免提前使用退休金

有時，生活中的某些狀況可能使你產生「使用退休金」的想法，但提前使用或挪用退休金將會破壞你的長期儲蓄計畫，並且可能需要付出高額的罰款和稅款。因此，除非絕對必要，否則應該避免提前使用退休金。

五、規劃長壽風險

許多人在規劃退休金時，只考慮到自己的預期壽命。但由於醫療科技的進步，人們的壽命正在不斷延長。因此，在規劃退休金時，應該考慮到長壽風險，即可能活得比預期的壽命更長，需要更多的退休金。

除此之外，也需要考慮到未來通貨膨脹的影響。畢竟，退休後的生活費用會隨著時間增加，因此，我們需要將這種可能的增加列入計算中。

投資退休金的方式

對於剛踏入職場的年輕人來說，投資退休金的方式有許多種，每一種都有其特點和考量。

提供一些主要投資退休金的方式：

- **儲蓄型保險：**這種保險的特點是定期繳交保費，在約定的保險期間後，可以獲得一筆穩定的現金價值。不過儲蓄保險的投資回報相對較低，適合風險承受能力較低的投資者。
- **年金保險：**年金保險是一種長期的投資工具，保險公司根據投保人的退休金需求，提供一個長期的投資計畫。投資風險較低，且可以提供穩定的收益，適合風險承受能力較低的投資者。

- **定期存款：**這是一種固定回報的投資方式，回報率較穩定。但相對於其他投資工具，其投資收益較少，適合風險承受能力較低的投資者。
- **股票投資：**股票投資是一種高風險、高收益的投資方式。透過購買公司的股票，投資者可以共享公司的利潤。然而，股票市場的波動性使得此種投資風險較高，因此適合風險承受能力較高的投資者。
- **債券投資：**債券是由政府或公司發行，承諾在特定的期間內支付利息和本金的投資工具。債券投資風險相對較低，且可以提供固定的收益，適合風險承受能力中等的投資者。
- **共同基金投資：**共同基金是由專業的基金經理人管理，將資金投資在不同的金融工具上，如股票、債券等。共同基金的風險和報酬取決於其投資的金融工具，適合風險承受能力中等的投資者。

要注意的是，在進行退休金投資時，最重要的是要有長期的規劃和持續的投資，以確保在退休後能有穩定的收入來源。

試算退休金的三個關鍵

退休金試算是一項重要的任務，會影響到你的退休生活品質。儘管有些人可能覺得退休還很遙遠，不需要這麼早就開始規劃，但實際上，試算退休金可以幫助你更清楚理解未來的財務需求，並提醒你提早開始節省和投資。

你需要先考慮三個關鍵因素：

- **風險承受能力：**不同的投資方式有不同的風險，風險高的投資可能有更高的收益，但也可能導致資金的損失。因此，個人應該根據自己的風險承受能力來選擇投資方式。
- **投資目標：**投資的目標應該明確。如果目標是穩定的收入，可以選擇長期且穩定的投資方式。如果目標是追求高收益，則可能需要承受更高的風險。
- **投資期限：**投資期限是指從現在開始到預期退休的時間。投資期限長的話，可以承受更高的風險，因為有足夠的時間來彌補可能的損失。反之，如果投資期限短，則應選擇風險較低的投資。

因素	計算方式
風險承受能力	根據個人的風險偏好，選擇適合的投資組合。
投資目標	確定退休後每年需要的收入，並根據此目標來選擇投資。
投資期限	計算從現在到預期退休的年數，並根據此期限來選擇投資。

提醒你，退休金試算是一種複雜的過程，要根據個人情況和市場環境來調整，可能需要專業的金融顧問協助。但擁有基本的金融知識和理解仍然相當重要，可以幫助個人做出更好的投資決定。

退休金試算網站

進行退休金試算時，你至少需要年齡、收入、預期的退休年齡、生活費用、投資回報率等基本資料。而透過這些試算工具，你可以更清楚了解自己需要多少退休金，以及你需要每月或每年節省多少錢以達到這個目標。

有很多網站和工具可以幫助你進行退休金試算。提供一些值得參考的網站：

- **勞動部網站的「勞工個人退休金試算表」**：這個試算表可以讓你根據你的年齡、收入、年資和預期退休年齡來試算你的退休金，並適用於「勞退新制」。(關於勞退新制的介紹，請見本書第9章)
- **銀行的退休金試算工具**：許多銀行提供退休金試算工具，如中國信託、台新銀行等，也相當直覺易用。
- **保險公司的退休金試算工具**：保險公司如國泰人壽、富邦人壽等也提供退休金試算工具。除了試算退休金外，還可以提供相關的保險規劃建議。

要注意的是，這些退休金試算工具只是提供一個大概的估計，實際的退休金金額可能會受到許多因素的影響，包括通膨率、投資回報率、健康狀況等。因此，進行退休金試算時，最好可以諮詢金融顧問或專業人士的意見。

第9章 什麼是勞退新制？如何最大化自己的退休金？

在理解什麼是勞工退休金新制，即「勞退新制」之前，我們必須先從基本的退休系統開始講起。許多人常把勞工退休金與勞保老年給付搞混，以為這是同一筆錢，其實勞工退休金與勞保老年給付是兩種不同的制度，既不會互相影響，也沒有替代性。

勞工退休金與勞保老年給付不同

先說勞保老年給付，這是根據「勞保條例」所提供的一項社會保險給付，勞工只要依規定繳交保險費，當符合一定條件時，便可向勞保局提出請領。除了受雇勞工之外，無一定雇主或自營作業的勞工也都能參加。

勞工退休金主要保障的是受雇勞工，是強制雇主應給予勞工退休金的制度，又分為新、舊制：舊制係依據「勞動基準法」辦理，新制則係依據「勞工退休金條例」辦理，是屬於雇主對勞工的一種法定責任。改革後的勞工退休金是以每月繳納的方式，由政府強制所有在職員工，並由公司與個人共同繳納。然後將這些錢依照一定的比例進行投資。在員工退休後，這筆錢將會以每月固定的數額發放給員工，提供員工生活所需。

勞退新制主要的改變在於：退休金的給付方式、提繳金額，以及退休年金的計算方式。

依據勞動基準法的退休規定，勞工需在同一事業單位工作十五年以上、年滿五十五歲，或在同一事業單位工作十年以上、年滿六十歲，或在同一事業單位工作二十五年以上，才能自請退休。但是我國企業平均壽命不長，勞工轉換工作情況普遍，以致大部分勞工難以符合勞動基準法退休條件，而領不到退休金。

為改革勞動基準法退休金的缺失，讓勞工的退休金不因轉換工作或企業歇業、關廠而受影響，民國九十四年七月一日施行「勞工退休金條例」，將過去由雇主一次給予退休金的方式，改為由雇主按月幫勞工提繳不得低於每月工資六％的退休金，儲存於勞保局設立的勞工退休金個人專戶，專戶所有權屬於勞工本人，專戶退休金可累積帶著走，等到勞工年滿六十歲（或喪失工作能力，符合勞工退休金條例第二十四條之二的規定）時再向勞保局提出請領。

為什麼會有這些變化呢？事實上，這些調整的主要原因在於反映並適應我們社會與經濟環境的變遷，如人口老化、生育率降低以及經濟成長趨緩等。這些變化對於退休金制度提出了新的挑戰，迫使我們重新思考如何設計一個更符合時代需要的退休金制度。

因此，了解勞退新制以及其背後的原因，對於即將踏入職場的新鮮人或目前仍在工作崗位上的人來說，是非常重要的。對於退休金制度有所了解，我們才能在踏入場職後做出明智的財務規劃，並確保自己在退休後的生活能維持一定的生活品質。

勞退新制會破產嗎？

勞退新制是個人專戶制，每位勞工的勞退金都是獨立的，不需與他人分享，因此不會有破產的風險。

勞退新制於二〇〇五年開始實施，目前約有一千萬人加入，累積基金規模約新台幣一．二兆元。勞退基金的運用方式是投資於國內外股票、債券、基金等，以追求合理的收益。根據勞動部統計，截至二〇二三年九月，勞退基金的平均收益率為六．一%，表現優於預期。雖然勞退新制目前沒有破產的風險，但是勞退金的收益率並非固定，可能受到市場波動影響，將會影響未來能供支領的退休金。同時，勞工應定期檢視自己的勞退金狀況，確保退休生活無虞。

	勞工退休金	勞保老年給付
個人專戶制	勞退新制是個人專戶制，每位勞工的勞退金都是獨立的，不需與他人分享，因此不會有破產的風險。	無此特性，全部款項為共享。
強制提撥	勞退新制採取強制提撥制度，雇主和勞工都必須提撥勞退金，因此有充足的資金來源。	由雇主和勞工共同承擔保費，但保費偏低，而支領金額高。
投資多元化	由勞動基金運用局統籌運用，投資於國內外股票、債券、基金等，以追求合理的收益。	由勞動基金運用局統籌運用。

對於這個問題，我們有一些具體的建議和策略可以參考。首先，我們應該密切關

注政府在相關法制與政策上的變化，以便準確了解自己的權益。同時，我們也需要做好自我節約，並盡可能加大對退休金的投入，以提高退休金的結餘。此外，定期檢視自己的退休金資產，並適時進行投資或調整，也是確保退休金獲得最大化回報的重要措施。

如何在這個制度下，最大化自己的退休金？

勞退金就像一個儲蓄帳戶，錢是固定的。雖然勞退也分一次領、月領，但即使申請「月領」，最多只能把專戶中的錢領完。

想要知道自己的勞退金額大約有多少，可以參考勞保局設計的勞退新制計算機工具，查詢個人專戶，以及試算核發金額。你可根據自身的財務需求和規劃，選擇適合自己的給付方式。

其次，除了雇主強制提撥，勞工也可以自己選擇要不要參加「勞退自提」，從每月發放的薪水中提扣一至六%薪資，存入退休金帳戶來增加儲蓄，使退休金更充足。

依勞工退休金條例第十四條規定，每月工資、執行業務所得六%範圍內自願提繳退休金，其自願提繳之退休金不計入提繳年度薪資所得、執行業務收入課稅，享有稅賦優惠。舉例來說，如勞工每月薪資為四萬三千元，全年薪資收入為五十一萬六千元。當年自願提繳勞工退休金三萬九百六十元（516000×6%），則扣繳憑單「給付總額」為四十八萬五千四百四十元（516000–30960），以稅率五％計算，可節省稅額一五四八元（30960×5%）。

自願提繳退休金彈性大且好處多，除了可自行決定一至六％之提繳率，一年內可彈性調整兩次自提比例，並可隨時停繳外，自願提繳之退休金可從當年度個人綜合所得總額扣除，節省應繳納的所得稅，每年還可以參與投資收益分配。請領退休金時同樣享有最低保證收益，保本又保息，節稅同時還可以累積退休儲蓄，讓老年退休經濟生活多一層保障。

因此，你可以充分利用這個機制，透過提高自我繳納的比例，來增加自己的退休金，並享受稅賦優惠。大部分未退休族並不會特別選擇自提（自提〇％），但**自提是最佳選項，且應該提到六％，愈早自提效益愈大**。

特別要提醒，除了基本的勞工退休金，你還可以透過年金保險，進一步為自己的晚年儲備更多的金錢。

總的來說，儘管新的勞工退休金制度有其挑戰，但只要提早規劃，就能在退休這條路上掌握自己的航向，航向美好的未來。

第10章
了解風險和報酬之間的關係

小明剛剛進入成年的世界，他希望將自己的積蓄投資於某些有利可圖的項目中，以增加自己的財富。問題是：投資於哪裡？

一個選擇是將錢存入銀行，雖然利息不高，但是這是安全的選擇，風險極低。另一個選擇是投資於股市，儘管風險較大，但可能獲得的利潤也相對較高。

小明的困惑揭示了一個基本的金融原則：風險與報酬之間的關係。換句話說，高風險可能帶來高回報，但也可能導致重大損失。同樣的，低風險可能只得到低回報，但損失的可能性也小。

最終，小明選擇了將一部分錢存入銀行，另一部分投資於股市。這種方式既可以確保他有穩定的收入，又可以嘗試賺取更多的利潤。

什麼是風險?

風險，在金融領域中，通常指的是一種可能會導致損失的不確定性。這種不確定性可能來自於市場的波動、經濟環境的變化，或者是投資對象本身的問題等。

舉例來說，如果你投資在某一支股票上，那麼風險可能來自於該公司的營運狀況、業界的競爭、甚至是全球經濟的變動等。你可能會因為市場的上漲而獲利，也可能會因為市場的下跌而虧損。

與風險相對的，是危險。雖然口語上我們常常將兩者混淆，但在金融領域中，這兩者是有所區別的。

危險，通常指的是某種潛在的威脅，可能導致嚴重的損失或者災難。例如，如果你在一場風暴來臨之前選擇出海，這就是一種危險。也就是說，危險是一種情況，風險則是危險事件發生時，你可能要承受的損失程度。

簡單來說，**風險是有可能獲得正面回報的不確定性，而危險則是會導致負面影響的不確定性**。

在金融決策中，我們要盡可能地降低危險，並且合理地管理風險。

保險如何保障風險？

了解風險和危險的區別之後，我們可以更理解保險的作用。保險並不能阻止危險事件的發生，但可以幫助我們分散風險，減輕由危險事件帶來的損失。

具體來說，當你購買保險時，你實際上是在將可能承受的風險轉嫁給保險公司。如果不幸的事情發生，保險公司會根據你的保險合約來承擔相應的損失。

了解保險如何保障風險之後，就可以開始著手選擇適合自己的保險了。選擇保險時，你需要考慮到可能面臨的風險，以及能夠承受的風險程度。如罹患嚴重疾病或遭遇重大交通事故，可能會帶來巨大的經濟損失，這時候就需要購買相應的保險來保障自己。（關於買保險的思考，請見本書第12章）

同時，你也需要考慮到保險的價格是否在你的負擔範圍內。記住，保險的目的是為了讓你在面對風險時，能夠更加安心。

風險與報酬的關係

橡樹資本管理公司（Oaktree Capital Management）的共同創辦人，霍華・馬克思

（Howard Marks）指出，理解風險不僅涉及對潛在損失的認知，更包含了對於風險與報酬的關係的洞察。他認為，風險並不是一種可以量化的物件，而是一種感覺、一種對於未知的恐懼。這恐懼源自於我們對於未來的不確定性，以及由此產生對於潛在損失的擔憂。

霍華．馬克思也說過：「對於投資者來說，理解風險，並學會如何管理它，才是關鍵。」因此，理解風險與報酬之間的關係，並不能保證投資成功，但它可以幫助投資者更明智地管理他們的投資風險，並做出更為理性的投資決策。這也就表示優異的投資需要創造報酬並且控制風險，而確認風險是控制風險的必要前提。

風險只會分散，不會消失

理解和管理風險，首先要明白風險的本質。

風險並不僅僅是潛在的損失，它還包括對於可能損失的不確定性。因此，最好的風險管理策略，並不一定是避免所有的風險，而是要學會如何在風險與報酬之間找到一個理想的平衡點。

一、**建立風險管理計畫**

一個好的風險管理計畫，可以幫助投資者在面對市場的波動時，保持冷靜，並做出理性的決策。

二、**多元化投資**

透過多元化投資，可以分散風險，減少單一投資所帶來的風險。

三、**理解投資的風險性質**

不同的投資，具有不同的風險性質。理解這些風險性質，可以幫助投資者做出更好的投資決策。

在談論與理解金融常識的同時，我們必須首先承認一個關鍵的事實，那就是**「風險消失」的神話是最危險的風險來源，也是促成泡沫的原因**。當市場週期擺盪到最高點時，投資人有著執迷的信念，認為風險很低，而且投資一定能創造獲利，這讓他們忘記應該謹慎行事。這種誤導性的觀念通常源於對風險的誤解或忽視，使得投資者在面臨市場變動時，可能會面臨意想不到的損失。

高風險等於高報酬嗎？

在投資領域中，風險與報酬之間的關係可用一個簡單的原則來描述：**風險愈大，預期的報酬愈高**。這是因為投資者在面臨更高的風險時，會要求更高的報酬作為風險的補償。然而，這並不表示所有高風險的投資都會帶來高報酬，或是所有低風險的投資都會帶來低報酬。事實上，風險與報酬之間的關係並非線性，而是一種非常複雜的動態關係。

投資者需要明白，風險與報酬並不是一對一的關係，而是一種相對的比例關係。當投資的風險增加時，其潛在的報酬也會相應地上升。這並不意味著投資者確定可以獲得高報酬。相反的，高風險投資的不確定性相對較大，這意味著投資者可能面臨更大的損失。

例如，投資於新創公司可能會帶來高額的報酬，但是，這些公司的營運不穩定，也有可能會導致投資者虧損。因此，這類投資被視為高風險投資。

投資者需要在投資前評估所承擔的風險，並根據自身的風險承受能力，選擇合適的投資策略。同時，投資者應該將資產分散投資，以降低風險，並定期檢視、調整投資組合，以確保其投資策略與其風險承受能力和財務目標相符。

在相同收益下降低風險

在投資世界中，有一個核心概念是：在相同收益下降低風險。這種理念主要是指以最低的風險來獲得相同的收益，或者以最少的投資來獲取最高的收益。這種理念的運用，需要對投資組合的配置進行合理的調整。

首先，進行投資時，不應該把所有的錢都放在一個籃子裡，也就是說不應該只投資一種資產。相反的，應該把資金分散放在不同的資產類別，如股票、債券、現金、不動產等。當某一種投資出現問題時，其他投資便有分散風險的作用。

其次，投資者還需要定期評估和調整投資組合，以確保其能達到預期的收益。在評估投資組合時，需要考慮各種因素，如投資的收益、風險、流動性等，並根據這些因素調整投資組合。我們將在下一章繼續分析。

第11章

為何需要分散投資風險？

有一隻母雞每天只能下一顆蛋，牠把所有的希望都寄託在這唯一的蛋上，每天都會小心翼翼地保護這個蛋，深怕有什麼不測。然而有一天，母雞發現那顆蛋居然不翼而飛，牠所有的希望，便瞬間化為灰燼。

專注一處，雖有可能帶來更大的收益，同樣也帶來了更大的風險。換句話說，如果我們選擇將所有的錢只投資在一種類型的投資工具上，我們就放大了我們的風險。一旦這個工具表現不佳，甚至失敗，我們可能會面臨大量的損失、一敗塗地。對於新手投資人來說，可能還不具備足夠的能力和經驗去承受這樣的風險。

這也是為什麼很多投資專家都強調，分散投資是降低投資風險的一個重要策略。沒有任何一種投資是百分百的穩賺不賠。每種投資工具都有其獨特的風險和益處，透過投資組合的方式，可以平衡這些風險和回報，進而實現穩定的收益。

比如，如果你擁有一只籃子，裡面同時放入了蘋果、橘子和香蕉，那麼即使蘋果的價格下跌，由於還有橘子和香蕉，你的損失就會相對減少。同樣的，如果你的投資籃子中既有房地產，又有股票和債券，那麼即使某一種資產的價格下跌，你的其他資產還可以幫你抵抗風險。

分散投資就像是一個保護網，目的在於防止你的投資在面對市場波動時，遭受重大的損失。有效的分散投資策略不僅僅能夠減輕風險，還能夠提高收益的穩定性，是每個投資者都必需掌握的一項重要技能。

如何分散投資風險？

我們該如何打造分散投資的保護網呢？我建議你把握三個關鍵原則：

分散對象

分散投資涵蓋不同的投資類型，例如股票、債券、黃金或不動產等。不同類型的資產在經濟環境變動時，其價值可能會有所不同。而分散這些投資對象至關重要，不僅能使投資組合能夠抵抗不利的經濟情況，同時也有助於提升投資的整體回報率。

一般來說，這些對象可以包含多種性質迥異的投資。一些常見的種類如：

- **股票**：投資國內或國際的股票可以提供資本增值的機會。由於股票價格多受到公司獲利、行業前景和經濟趨勢的影響，因此對於長期投資者來說，股票可能是一個很合適的選擇。
- **債券**：債券是公司或政府為了籌集資金而發行的，投資者則可以藉由定期獲得單位利息來獲得回報。由於債券的收益較為穩定，因此常常被視為風險較低的投資。
- **黃金**：黃金被視為一種「從缺乏信心的經濟環境中尋求保護」的資產。由於黃金價格有著與其他類型的投資負相關的特性，因此投資黃金有助於分散風險。
- **不動產**：投資不動產如土地、住宅或商業地產，可以提供收資本增值和租金收入的機會。不動產投資不僅能提供穩定的現金流，同時也為投資組合增加了資產多樣化。

分散時間

分散時間，也叫定期定額投資，是指把一筆較大的投資金額分為幾個較小的相等部分，然後在一段時間內定期投資這些款項。這種策略可以減少市場波動的影響，並降低購買價格的平均成本。

舉個具體的例子：假設你每月定期拿出五千元，在每月的一號投入市場。不論市場好壞，你都會將這五千元投入市場。雖然當市場高點時，你購買的份額較少，但市場低點時，你能以相同金額購買更多的份額，實現平均成本。

你可能會想，定期定額感覺有點阿Q，就是一個普通投資人都可以做到的事嘛！現在的股價不好，那我就少買一點，股價好時就多買一點，不是更好嗎？

首先，長期買入可以讓你自動完成絕大多數人認為非常難以堅持的「長期持有」，你變成了有耐心的人。其次，定期買入則自動把你變成有紀律的人，這是相當難得的特質。最後，每次投入一定金額，隱含意義在於，你已經自動變成了量力而為的人。

整體來說，定期定額這種投資方式可以降低投資風險，避免投資者因短期的價格波動而作出衝動的決定。透過定期定額的方式，我們可以更專注於長期的投資方向，進而達到理財目標。

分散期間

分散期間與前述的分散時間不同，指的是配置的資產要依預計持有的時間分為短期、中期、長期。

這個原則的重要之處在於，我們可能會突然在短時間之內需要一大筆錢，或可能某一陣子需要負擔一筆額外支出，可以配合這些時間點，選擇適合的投資商品。而每種商品的適合投資期間也各不相同。

舉例來說：三個月之後要付出去的給廠商的貨款，顯然你不能在這三個月當中拿去幣圈「沖土狗」短炒一波，賺個快錢。因為欠人的錢不能不還，而短期投機的變數是很多的，這明顯就是「危險程度與期間的錯配」。相反的，如果是一筆可以長期放十年的資金，與其放定存，不如投在有前景的成長型公司股票，例如ＡＩ相關的科技股。隨著整個產業的成熟，十年之內這筆投資的收益可能相當可觀。

因此，期間與風險的分散一定要互相搭配。因為要分散風險，就將一筆短期資金盲目地分散在風險等級各不相同的商品上，並不是一個正確的做法。**短期資金應該投資在低風險／低獲利的商品上，中期資金投資在中風險／中度獲利的商品，最後，長期資金則可以搭配高風險／高報酬的商品，如此才能兼顧風險與收益。**

分散投資與專注投資的平衡

許多網路上投資理財的成功經驗當中，經常是集中投資而成為億萬富翁。但是我們必須認清，精彩的致富傳奇其實是鳳毛麟角的個案。現實中，能夠每次都挑中高報酬的投資標的，又能夠抓準時機退場的人少之又少。市場上存在無數種投資標的，如何選擇對的投資並進行適當的分散，是每一個投資者需要學習和經驗累積的過程。

至於資本較少的投資人，要不要做投資面向的資產配置呢？我認為是還是必須要的。即使有很多人會說，資本少的時候就要「專注的顧好眼前這個雞蛋」，而不是分散在好幾個籃子。但資本少的時候，其實多數投資人的經驗不足，也並非對各種不同商品有足夠的認識，因此分散在不同的籃子正好能賺經驗值。最終你會逐漸從好幾個籃子逐漸收斂，選出最適合你的那個一兩個籃子，然後你可以專心地顧好它。畢竟分散投資可以降低風險，但過度分散可能會稀釋回報率。因此，投資者同時也需要將資金專注在具有成長潛力的投資標的上，達成風險和報酬的平衡。

第12章

該買保險嗎？購買保險前該問自己的三個問題

我工作沒多久之後，有一位保險業務員對我說：「比爾，你正在展開人生的黃金時刻，但你是否想過，如果在我們還沒賺到人生第一桶金前有什麼萬一，你能夠給家裡留下些什麼嗎？」他的問題讓我產生了深深的思考，也正是這句話，讓我決定購買人生的第一張保單。

現在想想，我當時真是太嫩了！然而不能否認，在現代社會，我們隨時都面臨各種風險，可能是自然災害，或來自我們一時的疏忽。無論什麼情況，我們都需要準備好面對這些風險，購買保險確實是一種很合適的方法。

保險的好處是什麼？

保險不只是對自己的保障，更是對未來和家人的責任。一張合適的保險，對於未來可能發生的突發狀況，或是我們可能面臨的困難，都提供了一個能負擔且可以預見的解決方案。

保障我們的財產

我們各自都有各種不同的財產，可能是房子、汽車，或者是珠寶。當我們購買保險，我們就能確保這些財產在意外狀況發生時，能有所保障。例如，火災保險、汽車保險和珠寶保險，這些保險能讓我們在發生損失的時候能夠得到賠償。

保護我們的生活

除了財產保險，人身的意外險和醫療險也是非常重要的。當我們遭遇疾病或是意外時，保險金和醫療保險的存在，能夠為我們提供財務上的支援，讓我們能夠專心康復，而不是煩惱資金的問題。而我們需要做的，就是在可能的情況下為自己提供最好的保障。

為我們的家人創造安全感

有了保險，無論是壽險、醫療保險，我們的家人也會心安。他們知道，即使我們突然面臨重大疾病或離世，他們也有足夠的資金來應對情況，不會因為金錢的問題而陷入困境。因此，保險不僅僅是保障我們的財產和我們的生活，更深層次的，它提供了我們一種心理上的慰藉，告訴我們，在我們面臨困苦的時候，有一種力量在背後默默地支援著我們。

買保險前，你需要考慮的三件事

保險雖然相當重要，而且能夠給我以及我愛的家人更多的安心與穩定，但也並非買得愈多愈好，必須評估自身的需求，同時也要考量購買的預算以及額度。在規劃保險之前，應該先問自己以下三個問題：

問風險

購買保險之前，首先要考慮的是你能承受多大的風險。身為一個有一定經濟能力的獨立個體，你能負擔多大的經濟損失？你的生活品質是否能夠承受突如其來的巨大開支？或是可以問問自己有無房貸、車貸等負債；對長輩、父母是否有孝養及經濟上的責任；有無子女，到他們大學畢業需準備多少的學費、生活費等。

如果這些問題有一個是「Yes」，也就表示你需要壽險保障。這是買保險的第一步：認識自己的風險承受能力。

問煩惱

第二步是問自己，你最擔心的風險是什麼，是健康？意外？還是其他人生風險？當你明確了解自己心中最擔心的風險，就能夠找到針對這些風險的保障方案。

在不同的人生階段，我們所擔心的風險通常是不同的：

- **求學階段**：在此階段，主要需求是學生保險，特別是意外險和醫療保險。
- **出社會階段**：出社會之後，可能需要調整保險規劃，除了上班交通需要的意外險，還可以加入人壽保險等。這些保險可以保障我們在職業生涯當中的安全和權益。
- **結婚階段**：結婚後，通常需要提高人壽保險的額度，同時可能需要醫療保險和長照保險。確保家庭經濟支柱的穩固，以及家庭的金融安全。
- **生子階段**：隨著家庭成員的增加，需要提高人壽保險的保額。並且購買子女的醫療保險，用以確保家庭的經濟安全，並為子女的未來提供保障。

- **購屋階段**：購房者可能需要購買火險和地震險，如果是有貸款則可能還需要買房貸保險。這些保險保護了我們的房產投資，並確保不會因為人生風險而導致債留家庭的悲劇。
- **空巢階段**：因為子女已經長大獨立，如果有足夠的退休儲蓄，還可以考慮購買年金保險。預作未來退休之後可以安養退休之用。
- **退休階段**：仰賴過去的保險規劃，此時算是一個回收及豐收的階段，可以安心地過上退休生活，也可以更保守的投資工具為主，例如定存。

問額度

第三步是考慮自己購買保險的財務能力，你能夠負擔多少保費來獲得保障？這是一個比較現實的問題，但也相當重要。如果購買的保費超出自己的負擔能力，那麼未來可能會導致保險失效，無法獲得較佳的保障。

通常我們會以「雙十原則」來做初步的保險規劃，也就是以年收入十分之一的保費，購買年收入十倍的保障額度。

舉例來說：如果一位年收入為五十萬元的人，應考慮的保險費用是一年五萬元，而保險的保障金額應該為五百萬元。

這個原則的目的，是確保購買的保險的保障程度足以處於一個安全的範圍內，同時不會讓個人承受過大的經濟壓力。也就是說，如果保險費超出年收入的十分之一，可能會導致我們經濟壓力過大，導致無法繼續享有保險保障；反之，如果保險保障額度不足年收入十倍，則可能面臨無法得到足夠保障的風險。

總而言之，如果能愈早了解這三個問題，就愈能夠知道自己需要哪些保障。當你有一個初步的想法，也才能更具體地與你的保險業務員討論，藉以設計出更適合你的方案。嚴格來說，我的第一張保單只是因為業務員的說法打動了我，屬於一個反面教材，千萬別學啊！

第13章

如何選擇適合的醫療保險？

醫療險是詢問度最高的保險商品之一。雖然人人有健保，但自費項目愈來愈多，就醫後的照護費用也愈來愈高，想要擁有更好的醫療品質，就要靠醫療險來幫忙。

但面對五花八門的醫療險，到底怎麼買才不會後悔？終身醫療險有必要嗎？買實支實付醫療險就夠了嗎？我想先談談什麼是「醫療險」，破解醫療險的投保迷思。

什麼是醫療險？

醫療險，主要是為疾病或意外傷害治療期間產生的花費提供保障。依照保障期間長短，可分為「終身型」與「定期型」；從理賠方式區分，可分為「定額給付型」與「實支實付型」。

早期的保單都以「住院」為前提，於住院期間所發生的醫療費用才提供保障，故又稱為「住院醫療險」，近期保單則將部分給付項目擴大至門診手術或特定診療。也衍生出與健康相關的癌症險、重大傷病險、重大／特定疾病險等商品。

如何選擇適合自己的醫療保險？你可以先了解：

- **保險類型：**醫療險分為定期醫療險和終身醫療險兩種。定期醫療險的保障期限較短，通常為十年或二十年，保費較便宜。當保險到期，保險公司會根據被保險者的健康情況來決定是否續保，以及續保的保費會是多少。終身醫療險的保障期限通常為終身（至被保險人保險年齡到達一一一歲之保單週年日），只要繳納保費，就可以一直享受保險的保障，因此計算下來，保費通常較貴。
- **保額：**保額是醫療險理賠的最高金額，應該根據自身需求和經濟能力來選擇。一般來說，保額要能夠涵蓋醫療費用、住院期間的收入損失、以及後續的復健費用等。
- **保障範圍：**醫療險的保障範圍包括住院、手術、門診、以及其他相關費用。在選擇保單時，應注意保障範圍是否足夠全面。

- **保費**：保費是購買醫療險的成本，應根據自身經濟能力來選擇。
- **等待期**：等待期是指保險公司在保單生效後，需要經過一段時間才能承保特定疾病的保障。等待期通常為三十天或九十天。
- **除外責任**：這是指保險公司不承保的範圍，例如自費醫療、癌症治療等。在選擇保單時，應注意除外責任是否符合自身需求。

我該選擇定期醫療險，還是終身醫療險？

選擇定期醫療險還是終身醫療險，主要取決於個人的需求和經濟能力。我也提供一些比較的要點（如下頁表格），可以作為選擇時的參考。

選擇「終身醫療險」或「定期醫療險」，主要取決的關鍵是在「預算多寡」。預算較為充裕且想要擁有終身醫療保障的，可以選擇終身醫療險；而預算較為不足者，則可以選擇定期醫療險。

	終身醫療險	定期醫療險
繳費／保障期間	限期繳費、終身保障。繳費期間有十、十五、二十、三十年等多種期間可選擇，繳費期滿後即可享有終身保障，通常最高至一百歲或一一一歲。	多數為一年期商品，有繳費才享有保障。此類商品均有最高保障年齡限制，通常最高是八十歲或八十五歲。
保障內容	以定額給付型為主，提供住院、手術、就醫後療養等定額給付。部分商品也提供實支實付保障。	有實支實付型、手術型、定額給付型等，種類較多元。
保費	平準型保費（即保費固定）。愈年輕投保，保費愈便宜。相較一年期商品，早期保費較高。	一年期商品都採自然保費。保費會隨著年齡增加而提高，年輕時保費較低，高齡時保費較高。
適合族群	希望終身都享有醫療保障，且預算較充裕者。	想要強化特定期間的保障，或預算較少者。

定額給付與實支實付的差異？

醫療險從理賠的方式區分，可分為「定額給付型」與「實支實付型」。差在哪裡？

定額給付型

定額給付型，顧名思義就是「理賠金額固定」，例如住院一天，理賠一千元，不論實際花費金額或是有無額外花費，理賠金額都是固定的。例如：每日住院費、手術費等，不管實際費用多少，都將依照保單上列明的金額理賠。

定額給付型醫療險的優點是，即使在公立醫院就醫，也能擁有額外的金錢補助；缺點在於，若醫療費用超出保單規定的金額，超出部分將需要自行負擔。

實支實付型

實支實付是根據實際醫療費用進行給付，依照發票金額進行理賠，要求必須有實際支付的證明。一旦發生需要理賠的情況，透過實支實付的方式，往往能得到全額的賠付，保護效果更為全面，但保費相對定額給付來說較為昂貴。

實支實付醫療險為補強醫療保障的首選。台灣雖然有健保，但並非所有的醫療費用都由健保支出，部分的醫療器材、藥品、病房是屬於就醫自費項目，實支實付醫療險就是為了這類情況而產生的理賠給付方式，如果就醫時產生了額外需要自費的狀況，實支實付醫療險會根據你實際的額外支出，在限額內給予理賠。

	定額給付醫療險	實支實付醫療險
常見給付項目	·住院日額保險金 ·住院照護保險金 ·住院手術保險金 ·門診手術保險金 ·特定診療保險金 ·特定醫材補助保險金 ·加護病房或燒燙傷中心醫療保險金 ·住院前後門診醫療保險金	·每日病房費用保險金 ·手術費用保險金 ·住院醫療費用保險金 ·特定診療費用保險金 ·住院前後門診醫療保險金 ·住院照護保險金 ·日額保險金選擇權
給付說明與範例（註）	依照保單條款約定項目及額度，給付定額保險金。例如住院日額兩千元，住院三天，理賠給付六千元。	依照保單條款約定，限額內實報實銷。例如住院醫療費用保險金限額十萬元，住院期間醫療費用花費十三萬元，理賠給付十萬元。如果住院花費為八萬元，則給付八萬元。
適用時機	可彈性運用在非醫療支出的補貼，例如看護費、營養品、薪資損失等。	可用來補貼健保不給付的自費醫療項目。

註：各家保單給付項目與條款約定不同，理賠時須依實際情況並以保單條款約定為準。

第14章 什麼是投資型保險？

沒有人希望面對大病或意外，但當不幸的事件確實發生時，保險可以作為一把大雨傘般的保障，來提供我們所需要的資金。而投資型保險，就好比一株結合了數種水果的混合果樹。從理論上來看，這種果樹的枝葉就像我們的保險保障，而枝葉上的果實正是我們的投資回報。試想不論是熱帶的荔枝還是溫帶的蘋果，都可能成為這顆樹上的果實，而投資型保險保障的類型和投資回報就有這樣多元的可能。

這種保單類型結合了保險和投資兩種性質，既能透過投資的方式獲取收益，又能獲取保險的保障。就像我們能從果樹上摘取豐富的果實，坐享其成，就算惡劣的氣候影響到果樹的生長，也能提供自己所需，不至於什麼都沒得吃。

然而，投資型保險就像混合果樹一樣，需要仔細栽種和照料，這也正是其風險所在。與純粹的投資或保險產品相比，投資型保險更需要投保人對市場有深度的了解及明確的財務規劃。

投資型保單有幾個重要的特徵：

分離帳戶與一般帳戶

當你購買投資型保險時，你的保費會被分為兩部分。一部分用於提供壽險或者其他保險保障，另一部分則投資於各種不同的金融工具，如股票、債券或基金等。這些投資通常是透過保險公司提供的投資基金來實現的。

	特性	適用商品
普通帳戶（一般帳戶）	一、由保險公司統一操作，以傳統壽險方式運作，保證對客戶之最低保險責任。 二、受保險公司債權人之追索。	傳統壽險、傳統年金、萬能壽險、指數型年金
分離帳戶	一、資金由保管機構管理，權利屬於保戶。當保險公司破產，不受其債權人追索。 二、保險公司設立多個分離帳戶，保戶有投資決定權，可決定其保費分配於投資組合之比例。	變額壽險、變額萬能壽險、變額年金

自負盈虧

投資型保險的價值會因投資的表現而變化。如果投資表現良好，保單價值可能會增加；如果投資表現不佳，則可能會減少。這就意味著投資型保險並不像傳統的壽險那樣保證一定的利益，而是具有投資風險。

投資型保險怎麼運作？有什麼好處？

當你購買投資型保險時，你支付的保費會被分成兩個部分。一部分用於購買壽險或其他類型的保險保障。如果發生保險事件，如保戶去世，保險公司會根據保單條款給付保險金。

另一部分保費則用於投資。這部分的金額將被投資於保險公司提供的各種投資選項（每月扣除投資相關費用）。投資的具體配置將根據你的風險承受能力和投資目標進行選擇。

這些投資選項的價值會隨著市場的波動而變化，因此，你的保單價值（或稱為帳戶價值）也會隨著你的投資表現而變動。你的保單價值可能因投資表現良好而增加；反之，如果投資表現不佳，你的保單價值將下降。

那投資型保險有什麼優勢呢？

一、**投資與保障並重**

購買投資型保險後，即享有保障，同時透過保單投資於基金等工具，也可期待使保單價值增加。

二、**保障範圍廣**

視保險條款，通常包含壽險及年金。

三、**投資彈性**

同一投資型保險，可投資於多種基金，且投資組合可依個人的風險承受度及盤市機會彈性調整。

這個表格是投資型保險與其他產品的比較：

	投資型保險	傳統壽險	單純投資產品
保險保障	是	是	否
投資機會	是	否	是
保證收益	否	是	取決於具體產品
市場風險	是	否	是

	投資型保險	傳統壽險	單純投資產品
現金價值	是	是（某些類型）	否
能否贖回	是（可能有手續費或限制）	是（可能有手續費或限制）	是（依據產品條款）
投資回報	取決於市場表現	通常是固定或保證回報	取決於市場表現
費用	管理費、保險費、投資管理費等	保險費（可能有相關費用）	取決於具體產品

購買投資型保險前需要考慮的因素

投資型保險的特質是其混合的結構，將保險保障和投資回報囊括於一身。因此，選擇這類型保險前，我們必須加以考慮幾個因素：

一、理解產品特性

每種投資型保險產品都有其特定的特性和條款，包括投資選項、費用結構、投資風險、保障範圍、取款限制等。確保你完全理解這些特性，並與自己的需求和目標相匹配。

二、評估風險承受能力

投資型保險的價值和回報與市場表現相關，因此具有市場風險。你需要評估自己的風險承受能力，確定是否能接受可能的投資損失。

三、履行長期投資承諾

提前贖回保單可能需要支付手續費，並可能導致投資損失。因此，需要確定自己是否能夠做出這種長期承諾。

四、配合財務目標和規劃

需要考慮投資型保險如何適應你的整體財務目標和規劃。例如，假設正在規劃退休，可能需要考慮投資型保險是否適用於該階段。

五、考量保險公司的信譽

你應該研究並考慮保險公司的信譽和財務穩定性，可以查詢保險公司的評級和評論，並考慮其長期的業績和穩定性。

第15章

明天和意外，哪個先來？談意外保險的重要性

意外險也稱為「傷害險」，主要為被保險人在身體受到意外傷害時提供保障。保障範疇可包含對於意外導致的死亡、永久殘疾以及醫療費用的賠償。

如果不幸發生意外，想要申請理賠，意外險的理賠條件必須符合三點定義：

- **外來：**指的是身體內在原因以外之事故引起。
- **突發：**指事故發生為不可預期、突然發生的。
- **非疾病：**排除因疾病所引起之事故，如因心血管疾病所引發的心肌梗塞。

為何我們需要投保意外保險？

醫療保險雖然能保障疾病相關的醫療費用，但即使全面的醫療保險，也不一定能涵蓋所有由於意外傷害所導致的費用。尤其在意外傷害後，可能會需要長期的復健或護理，還有可能因此無法工作，進而影響生計。若有意外保險的保障，就能在我們發生意外時提供一張安全網，給予我們在生活上的保障。

為了更深入理解這個觀點，我們可以參考一些名人的案例。

比如，好萊塢巨星湯姆・克魯斯（Tom Cruise），這位演員在其職業生涯裡歷經多次動作場面，常讓他的生命處於危險之中。在《不可能的任務》（*Mission: Impossible*）系列電影中，他曾經親自執行過許多高風險的特技表演，如爬樓、車禍和飛行。如果沒有適當的意外保險，他將承擔巨大的財務風險。

葛萊美歌手愛黛兒（Adele），儘管她的生活應該沒有像湯姆・克魯斯那樣充滿危險，但她的聲帶是她的生計之源，任何損傷都可能導致她無法唱歌和演出。因此，她需要意外保險來保護她的聲帶，以免在不幸的情況下失去收入源。

這些例子突顯了意外保險如何在我們的生活中扮演重要的角色，不僅僅是對於那些常常身處於危險環境中的人，也對於像愛黛兒這樣的人，其專長和才能是不可替代的生計來源。

如何選擇適合自己的意外保險？

選擇意外險的時候，有幾個重要的考量因素，例如：

一、意外險的保障內容和額度是否符合自己的需求和風險承受能力？

購買意外險的同時，我們必須對自己的風險承受能力有充分了解。高風險工作或生活環境的人群，如建築工人、賽車手等，可能需要更高額度的保障；反之，風險相對較低的人則可以選擇保障額度較低的意外險。除此之外，我們也需要綜合考慮各種因素，如保費、保險期間、年齡和健康狀況等，仔細評估和比較，選擇最適合自己的保障計畫。

二、意外險是否提供保證續保，讓我們在未來不用擔心被拒絕續保？

選購意外險時，我們需要仔細考慮保險公司是否提供保證續保的權益。這一點非常重要，因為如果出現需要繼續保險，卻被拒絕續保的糾紛，將會非常令人頭痛。保證續保，意味著只要我們依照保險合約規定繳付保費，就可以不受限制地繼續保險。這對被保險人來說可以說是一個很大的保障。所以在選購意外保險時，必須要仔細閱讀保險合約，並確認保險公司有沒有提供保證續保的權利，才不會在未來因為意外情況而面臨保障不足的風險。

三、意外險是否有包含意外醫療實支實付、意外住院日額、特定燒燙傷給付等項目，讓我們在意外發生時能減輕醫療負擔？

這些關鍵正是選擇意外保險的關鍵因素之一。提供實支實付的賠償，讓我們能夠負擔因意外受傷所需的醫療費用。意外住院日額則可在我們需要住院治療時，提供每日一定的金額，減少生活壓力。如果不幸遭受特定燒燙傷，這種保險也會提供額外的賠償。所以說，選擇包括這些項目的意外險，應對生活突發狀況時就有更多保障。

四、意外險是否有針對特定事故或場合提供增額理賠，如大眾運輸工具事故、海外傷害、乘電梯特定意外等？

規劃意外險建議可以依自身的需求、生活習慣等來挑選保障，如有些意外險商品會包含食物中毒慰問金（適合長期外食族群）、大眾運輸工具事故增額（適合大眾運輸為主要代步工具族群）、特定燒燙傷給付等。

投保意外險就像是為自己購買一張安全網，當生命中不幸的意外發生時，至少我們不需要為醫藥費用感到困擾。如果你的工作或生活必須經常面對潛在的危險，例如需要經常出國的商務人士，或者需要開車的外勤人員，那麼意外保險對你來說就更加重要了。

最後，投保並不是目的，選擇一個適合自己的保險才是最佳的決策。

第16章

什麼是終身壽險和定期壽險？

首先需要明白，終身壽險和定期壽險是不同類型的人壽保險。兩者的主要差異在於保險期間和價格。你可能會問，哪種保險適合我呢？這完全取決於個人需求和財務狀況。了解每種保險的基本特徵，將有助於我們做出明智的選擇。

終身壽險

這是一種能確保終生受保的人壽保險，只要按期繳納保費，它提供長期保障，讓你和家人在你的一生中都得到保護。此外，終身壽險還具有一個特別的優勢，它會積累現金價值。這表示您的保單內部有一個帳戶，隨著時間的推移會增值，你可以借款或提取部分現金價值，以應對意外支出或金融需求。

然而，需要注意的是，終身壽險的保費通常相對較高。這是因為保險公司需要提供終身保障，且一部分保費會用於支付這個保障，另一部分則用於積累現金價值。因此，在決定購買終身壽險之前，應該慎重考慮自己是否有足夠的財力，能夠長期負擔這樣的保費。

定期壽險

相比之下，定期壽險僅在特定期限內提供保障，例如十、二十或三十年。如果保單持有人在保險期限內去世，其家屬可以領取死亡給付金。但如果保險期限結束後，保單持有人還在世，那麼他們就需要重新購買保險，這時也可能須負擔更高的保費。定期壽險的保費一般來說比終身壽險便宜，且給付金額偏高，因為它僅提供有限期間的保障，並且在保障期滿後不提供現金價值。

我該選擇哪一種壽險？

如果你希望壽險對你的家庭提供長期保障，且希望配置一筆供未來使用的現金價值，那麼終身壽險可能會是你的選擇。然而，如果你只需要一個期限明確（比如在小孩完成大學學業，或者在你的退休金儲備足夠之前）的保險規劃，那麼定期壽險可能比較適合你。

提供一些要考慮的關鍵因素：

一、**保障需求**

如果你還年輕，想預先安排一個基本的終身保障，終身壽險是一個更好的選擇，因為它提供永久性的保障。

如果你只需要在特定期間內的保障，例如支付債務或支持子女的教育的期間，那麼定期壽險可能更合適，因為它提供有限期間的保障。

二、**財務承受能力**

終身壽險的保費通常較高，因為它提供終身保障和現金價值。需要確保自己有足夠的財力長期支付這些保費。

定期壽險則通常保費較低，因為它僅提供特定期間的保障。這可能對預算較緊縮的人更具吸引力。

三、**財務目標**

如果你有長期財務目標，例如退休金規劃或遺產規劃，終身壽險可能是一個更合適的選擇，因為它提供了現金價值，可以在未來用於資金需求。

如果只需要短期保障，例如有一筆房屋貸款的負債要繳納，那麼定期壽險可能就足夠滿足這些需求。

四、預算和可支配收入

考量預算和可支配收入，以確定是否能夠長期支付終身壽險的較高保費。不應該花費太高的預算購買一項保險，導致自身的財務壓力過大。

定期壽險可能在較短時間內提供所需的保障，且保費較低，但要記住，它在保障期滿後不提供保障！

第17章

如何在對的時間，將對錢，給對的人？

你曾經夢想過長輩們留下房子、土地，讓你從此少奮鬥二十年，或是賣掉一塊祖傳土地，瞬間變「土豪」嗎？那麼我接下來我要說的事，可能會讓你很驚訝！

新北市政府公布，二〇二三年有近八百棟房子，土地三百餘公頃沒有辦理繼承，以二〇二三年公告現值估算，總價值超過一七七億元台幣。台北市地政局也公告年度逾期未辦繼承登記的土地有近一千九百筆、建物超過五百棟，依公告的土地現值計算超過一二六億元。從一九八五年列冊至二〇二三年，台北市管理的逾期未繼承土地與建物，合計公告土地現值已經高達八百四十億元。為什麼長輩留下土地，後人卻不去辦繼承呢？

不辦繼承的理由

許多人第一個會聯想到，一定是遺產稅太貴了，萬萬稅，繳不起！例如先前新北市沒有辦理繼承的案件當中，就有一塊在二重疏洪道重劃區內，三重區五谷王段頂文一街、二街附近三八一坪的住宅區土地，公告現值高達二．六億元。若依實價登錄資訊，該區域住宅區土地單坪最高九十萬元，換算下來這筆土地市價有望達三．四億。遺產稅的稅率最高是二〇％，如此換算下來要六千八百萬。聽到就嚇到了。

但事實上，土地市價並非遺產稅課稅的基礎。遺產稅認定土地的「價值」不是用市價，而是用政府公告的土地公告現值來做計算。房屋則以房屋評定現值來做計算，而土地公告現值往往遠低於市價，預估遺產稅的數額通常會少很多。更何況超過三十萬以上的遺產稅，稅捐機關還可以讓符合條件者分期付款！

如果不是繳不起稅，不去辦繼承的原因是什麼？其實，沒有來辦理繼承，通常是繼承人對遺產分配不攏，例如兄弟姐妹誰在父母生前照顧父母多？長子已經繼承家業，房地產是不是應該少分一點？嫁出去的女兒像潑出去的水，怎麼可以回來分財產？如果能夠好好坐下來討論，都還算客氣了，許多是兄弟姐妹反目成仇的例子——既然我拿不到，那麼你也別想拿。動刀動槍、血濺五步的案件比比皆是。

在對的時間，將對的錢，給對的人

其實在我服務客戶這麼長的時間中，我很清楚高資產客戶們心裡所想的，其實只有三件事，也就是希望在「對的時間」，將「對的錢」，給「對的人」。

這三件事講起來很簡單，做起來卻很難。尤其是最近這幾年投資的風潮很興盛，許多年輕的投資人會認為：「怎麼還會有人買保險呢？尤其做壽險，感覺保費很貴！不划算」。這剛好能從另一個角度來解釋前述的三件事——為什麼有這麼多高資產客戶選擇以「保險」當作財務管理工具？其實，他們根本就不是為了那些微薄的利息。

首先，什麼是對的時間？也就是什麼時候把錢給後代是最好的呢？有沒有一毛錢贈與稅都不要繳，安全合法的方法？其實答案很簡單，一個人一年有二二〇萬的贈與額度，假設有兩千萬的財產，只消十年就送完了。但你要做這件事嗎？我想很多人是不願意的。

為什麼？因為我怎麼知道我把錢送完之後，明天家裡是不是就開來一台法拉利？可能很多人會說：「不會啦！我兒子很孝順。」這可能是真的，但是利用金錢維繫的關係，感覺就是不一樣。保單就是這樣一個工具，可以讓我們在需要的時候，才把錢給出去。

接著，什麼是對的錢呢？假設有三個孩子，各分得三分之一就是公平嗎？每個孩子的命運、發展都不一樣，是不是就是會有人做生意比較成功，有的人就是嫁得比較好？甚至是不是親生？保單在受益人上可以很簡單地劃分出比例，如果長輩針對哪一個晚輩想要多給一點當作補償，分幾張不同的保單操作，可以很簡單地完成，也不用擔心後續的爭執。拿到錢之後，先繳完稅，後續的事情大家都好談。

最後，當我們眼睛一閉，我們的金錢能按照我們的意思，給到我們想給的人身上嗎？寫遺囑未必有用，因為當錢變成遺產之後，它會自動去法律規定它去的地方，不一定是你要去的地方。

已故藝人羅霈穎（羅璧玲「羅姐」）生前多次表示，要把上海三間房子的其中一間給前大嫂，因為快二十年前，羅姐曾投資失利，虧掉了四千多萬。那一陣子，她都把自己關在房間裡，但大嫂每天都來關心，陪她走出最難過的一段日子。羅姐身故後，家屬未透露要如何處理遺產。羅媽媽很可能拋棄繼承，由兩位哥哥接手。

由此可見，我們真能讓資產按照我們的意思，給到想給的人身上嗎？很難，但有一個工具可以做到，就是保險。可以在人在世的時候就事先安排好，決定怎麼把錢給出去。

羅姐的案例，可以向保險公司說明希望以大嫂為指定受益人，因為她未婚，有生活上互相照顧的事實，是很有機會承保的。提前安排，就能讓我們更沒有遺憾。

專注在簡單的事情上

二○○七年十二月十九日，巴菲特（Warren Buffett）發起了一個賭約——賭對沖基金不能長期戰勝市場。更具體一點說，巴菲特作為賭約發起方，選定了標準普爾五百（S&P 500）指數基金來代表市場，而對方可以選出五檔對沖基金，取平均績效，最後以十年為限，看看最後誰的收益更高。

對沖基金公司選擇了五檔基金與巴菲特進行對賭。這五檔基金的經理在這十年裡可以隨意更換組合裡的對沖基金，拋棄舊的、表現不好的基金，投資新的明星基金。二○一七年底，這個賭約終於結束了。它們各自的表現到底怎麼樣呢？

十年裡，標準普爾五百指數的報酬率是一二五．八%，年化收益是八．五%。而五檔對沖基金每檔的表現都輸給了指數，好一點的有六．五%的年化報酬率，最慘的居然只有○．三%，還跑輸通貨膨脹。這五檔對沖基金在二○○八年都大幅跑贏了指數基金，但在隨後的幾年裡，只有少數基金在某些年分能夠跑贏指數。總之，可以說巴菲特在這次對賭中大獲全勝。總結來看，巴菲特認為投資人真正需要的是別理睬大眾的恐懼與貪婪，要把注意力集中在幾個簡單的基本面上。

從這個角度看，在我們會使用的財富管理工具當中，要控制風險，管理風險，最簡單的工具還是「保險」。

當資產的規模不同，煩惱其實也不同。在人生最重要的那三件事上，很多人還是有一個遐想，就是「兒孫自有兒孫福」。沒錢的時候，兒孫確實自有兒孫福，當有錢的時候，留下財產卻不事先加以分配，讓子孫後輩相互爭產，絕非兒孫之福啊！

PART 3

避開金融陷阱

面對金錢，我們或許勇於大膽追求，
也可能過度保守謹慎。
而在致富這條路上，有一些兩面陷阱，
可能讓人一不小心就陷入泥沼境地……

第18章

什麼是債？債務一定是壞事嗎？

現代經濟中的錢，是透過金融體系、信用，甚至是由借貸創造出來的。事實上，有愈來愈多的研究指出，借貸的歷史可能比貨幣更久遠，離我們的生活也更近。怎麼說呢？

不曉得你有沒有看過，聚會吃飯的各方搶著付帳的景象？為什麼要一群人擠在櫃台搶著結帳，互相請客，不是各付各的就好了嗎？某種程度上，這其實是一種社交的「有來有往」、「禮尚往來」。講白了，是一種原始型態的借貸關係。如果吃了飯，今天我結帳，明天你結帳，也就清償了債務。但如果你老是吃飯不付帳，久了，你的朋友也不會再約你吃飯了。

近期學者對「以物易物」的交易型態提出了質疑，認為在人類農耕生活的早期，不存在「用一把青菜換一顆雞蛋」的物物交換。反而是「你今天養雞，你給我雞蛋；改天我的青菜收成了，我送一籃青菜給你」的這種互助關係。直到今天在台灣的農村，當鄰居有婚喪喜慶，街坊鄰里仍是有錢出錢、有力出力。因為當今天你不幫人，改天你需要的時候，也不會有人幫你。這就是債務關係。

到了現在，債務通常指的是一種負債或者負擔，它意味著借款人（債務人）需要向債權人（一般為金融機構或個人）償還借款，通常會含有利息。

當一個人向銀行、信用卡公司或個人借款時，他們就承擔了債務。常見的債務種類如學生貸款、信用卡債務、汽車貸款、房屋抵押和個人貸款等。

壞的債與好的債

其實債務並不全部都是壞事，如果妥善管理，債務可以作為一種工具，幫助我們達成短期或長期的財務目標，比如購屋、開創事業、負擔子女的教育費用等。但如果過度借貸、沒有償還計畫或無法按時還款，債務可能引發一個人的財務危機。

有了債務關係，記錄債務的文件也就隨之誕生。國中的課本曾經提過，戰國時期孟嘗君家中一名食客幫孟嘗君「市義」的故事：孟嘗君有一天想找人去領地收回農民們所欠的債，而收回來的債，看家裡缺什麼就買回來。一位叫馮諼的食客自告奮勇去討債，結果他一到領地，便以一把火把借據都燒了！回來時告訴孟嘗君，說他買了「仁義」回來。從故事當中可以清楚知道，早在戰國時期，就已經有了明確定義債務的文件，也就是借據的存在。

孟嘗君這位富公子，是這個故事裡的債權人，而其領地的農民們是債務人，也顯然是一群還不出借貸利息的受害者。馮諼燒了借據，使孟嘗君獲得被剝削的廣大群眾支持。在伊斯蘭教的教義當中，甚至明白記載利息是一種不勞而獲的所得，所以借貸嚴禁收利息。可見在過去的借貸關係中，更多的是有錢人壓迫窮人。

什麼是債券？

有了借貸關係和借據，可以明確債權、債務。但當你借錢給另一個人，約定為期一年要還錢，而期限還沒到，自己卻臨時有一筆錢要用，該怎麼辦呢？如果這時借據可以轉移或是變現，那就太好了。這就是所謂的「債券」。

將錢存入銀行或購買公司的債券，變成債權人，是一種合理且穩定的投資方式。透過這種方式，我們能收取利息，實質上增加我們的資產。我們前面曾提過，如果選擇把手中的閒置資金存入定期存款，透過時間累積，不僅能保值自己的本金，還能從中賺取一筆利息。同樣的，如果選擇購買公司的債券，你就成了那家公司的債權人，公司需要按期支付你利息，這也是相對穩定的收益來源。

然而，我們也必需留意到，成為債權人並非絕對保證收益，也不代表風險全無。存入銀行的錢，儘管能收取利息，但若銀行破產，你的存款可能會受影響。購買公司債券時，若該公司經營不佳，可能就無法按期支付利息或還本，那麼你的投資就可能白白地打了水漂。所以，成為債主儘管有其利潤空間，但也需要合理評估風險，審慎投資。

第19章

預防債務，從「減糖理財」開始

我們在前一章提過，並非所有的債務都是壞事。有時，適當的債務管理是個人或家庭克服財務困難，並開始建立財務安全感的一種方式。然而，如果債務變得無法控制，就可能會對個人或家庭的財務健康造成重大影響。

對於那些還沒有養成記帳習慣的人們來說，建議你從創建一個簡單的生活收支表開始，列出自己在飲食、衣服、住宿、出行、休閒娛樂、債務、稅收、保險等方面的開支，這樣才能確切知道自己的錢都花在哪裡。現在有些記帳 App 可以幫助你輕鬆地記錄每一筆開支，找出不小心漏掉的開支。記錄無疑是第一步，同時也是最重要的一步。（關於生活記帳的方法，請見本書第5章）

再來談談資產負債表，不光是記錄現金流量，還要記錄股票、基金帳戶，以及動產、不動產等資產價值。負債部分，最需要注意的就是信用卡帳單。許多人覺得自己每個月都可以全額付清帳單，這其實是在想當然的情況下利用了遞延付款的功能。有統計指出，美國人平均支付信用卡帳單的期間是四個月，也就是不知不覺使用了循環利息。如果這種情況發生，那就得分析一下自己是不是已經不小心跨進了債務的漩渦之中了。

如何預防債務？

管理債務，最好的辦法是預防，包含制定明確的購物預算、合理使用信用卡，並開始慢慢儲蓄，這些都是防止債務問題的有效方法。

該如何解決收支不平衡的問題呢？透過生活開銷的紀錄，我們才可能有意識地調整收支。舉例來說，假設不追求最新款的手機，合約期滿之後就有很大的自由可以跳槽到更便宜的電信資費方案。若是租屋族，退租有線電視或租屋處的網路也是一個選擇，避免與已有手機網路重疊。

如果收支流向清楚，但仍入不敷出，則要思考如何提升收入。兼差是方法之一，但選擇兼差時，可以試著做些能力會隨著時間逐漸累積的工作，而不是年紀愈大愈沒競爭力。舉例來說，兼差網拍能隨著時間累積客戶數量，業績會愈來愈穩定。而兼差做美食外送，則容易隨著工時拉長，讓身體的負擔愈來愈重。

最後是投資損益表，除了一般股票或基金的投資損益之外，保單備忘錄是一個很重要的項目。因為保險既是收支表當中的固定支出，也是資產負債表中的資產項目。

保單備忘錄可以簡單分成「理財」和「保障」兩大類別，理財型的保單通常有解約金，雖然提前解約將會造成損失，但在沒有繳滿期限之前，通常解約金是低於所繳保費的。許多人可能因為人情壓力購買了超出自己支付能力的保單，不但影響生活品質，甚至演變成借錢買保險。我們必須確保購買符合自己能力與需求的保險，才能在為自己規劃一份長期隱形資產的同時，真正享有保障。

保障型的保險，是緊急風險來臨時的救命錢。保障的概念，就是以確定的保費帶走不確定的風險。要是真的有個「萬一」，我們也有足夠的資源來應付收入可能中斷的突發狀況。

如果連到底保過哪些保險都不記得，可以透過壽險公會提出保單清冊的申請。

總而言之，如果你喝飲料都喝全糖，馬上要切換到無糖狀態，當然很難堅持，但減糖或許是可行的。面對債務與財務危機，「減糖理財」或許更容易執行，比如原本每天都要花費的咖啡錢，調整成每週或每月；原本習慣一次出門就花一千元，改成花費五百元。你會發現，其實生活還是一樣，但開銷已經在無形中縮減了。

第20章 信用卡與背後的「信用分數」

信用卡是銀行或其他金融機構提供的貸款工具。作為持卡人，你可以憑藉這張卡在不直接支付現金的情況下進行購物或服務消費，並在未來的一段時間內分期支付消費款項，以平衡自己的現金流。這種便利的支付方式，使得信用卡成為現代生活的重要部分。

要申請一張信用卡，需要符合特定的資格條件。通常，這包括年滿十八歲，並且具備一定的信用評分。信用評分是銀行與金融機構用以衡量申請人償還貸款能力的方法，會根據申請人的收入、儲蓄、債務、就業狀態以及其他財務資訊來計算。因此，維持良好的信用評分對於申請信用卡至關重要。

再來，關於信用卡的工作機制，每當你使用信用卡進行消費時，你實際上是向發卡銀行借款。之後，你需要在每次帳單週期結束時至少支付最低付款額，或還清整筆債務。若未能支付最低付款額，你將被收取利息和可能的滯納金。這些都是持卡人必須理解的信用卡使用規則。

如何選擇合適的信用卡？

選擇適合自己的信用卡，就像挑選貼身衣物一樣重要。當你確定自己的消費習慣後，就必須適時地打開各大銀行的官方網站，或是相關比較平台，去確認哪種卡的優惠或回饋最適合自己。

例如，對於經常在國外旅行和網購的消費者來說，玉山銀行「Only 卡」或台新銀行「FlyGo 卡」，針對國外消費、航空交通與訂房都有額外的加碼或較優的回饋，是一大利多，大大滿足了這類消費者的需求。

如果你的消費習慣相當多元，選擇不限特定通路、消費全面的回饋卡，例如永豐銀行「大戶卡」，能讓你不論在哪消費都能享有回饋。

市面上有著各式各樣的信用卡，等著你去了解與選擇。記住，最重要的是找到最符合自己需求的那一款！

了解信用分數

在台灣，金融聯合徵信中心（簡稱「聯徵中心」）的「個人信用資料報告」是每個人的財務履歷表，記錄著你的信用狀況。你的借款和還款行為將會被聯徵中心收集，匯編成一份信用報告，並從中計算出你的信用評分。銀行等貸款機構會參考聯徵中心所彙整的報告，決定對待你的「態度」——即給你的利率多寡、貸款金額大小，或能否沿用貸款。

聯徵中心的信用評分，也稱為「信用分數」或「信用評等」，是用數字來表示個人信用風險的高低。分數愈高，表示信用風險愈低，反之則風險較高。在台灣，聯徵中心的信用分數以八百分為滿分，並透過你的借貸行為，如信用卡使用、負債、購屋貸款等評出分數。金融機構會定期向聯徵中心提供旗下所有客戶的最新信用資料與紀錄，而聯徵中心的信用評分模型則會採用這些資料，並依據受評對象的特性套用適合的模型運算各評估項目的分數，最後彙總成個人信用評分總分。

信用評分模型採用的信用資料，大致可區分為三大類：

- **繳款行為類**：個人過去在信用卡、授信借貸及票據的還款行為表現。目的在於了解個人過去有無不良繳款紀錄及其授信貸款或信用卡的還款情形，包括其延遲還款的嚴重程度、發生頻率及發生延遲繳款的時間點等資料。

- **負債類：**個人信用的擴張程度，包括負債總額（如信用卡額度使用率、授信借款往來的金融機構家數）、負債型態（如信用卡有無預借現金、有無使用循環信用，或是授信有無擔保品），以及負債變動幅度（如授信餘額連續減少月分數）等三個面向的資料。
- **其他類：**新信用申請類之相關資料（如金融機構至聯徵中心之新業務查詢次數）、信用長度類之相關資料（如目前有效信用卡正卡中使用最久之月分數），以及保證人資訊類的相關資料等。

建立良好的信用紀錄

不辦信用卡，就能確保你擁有最好的信用嗎？事實上，如果可以明智地使用信用卡並確保及時付款，它可以幫助你建立良好的信用紀錄。良好的信用紀錄讓你能在需要時獲得更佳的信貸條件，例如更低的利率或較高的借款額度。而建立良好的信用紀錄，需要時間和持久的努力。

首先，你需要確保及時支付所有的貸款和信用卡帳單，務必至少要繳完最低應繳金額。其次，不要使用「預借現金」功能，這對你的信用分數是大大扣分，因為使用預借現金的人，會被銀行認定為還款能力不足。最後，避免頻繁地申請新的信用卡或貸款，這可能會對你的信用評分造成負面影響。

建立良好的信用紀錄及分數，也有助於你在未來取得較佳的信用卡條件、較高的刷卡額度，讓我們能在使用上更有餘裕！

信用卡陷阱的警惕

儘管信用卡可以為使用者提供諸多方便，但也存在一些潛在的陷阱需要注意。例如，若未能及時償付信用卡款項，將會產生高額的逾期利息並影響信用紀錄。另外，部分人士可能過度依賴信用卡消費，從而產生難以應付的高額債務。

事實上，台灣過去曾經就因為銀行濫發信用卡，而民眾也對信用卡沒有正確的認識，導致「卡債風暴」，數十萬人淪為卡奴，背負龐大債務，終身信用破產，甚至因債務而走上絕路，可見妥善使用信用卡的重要性。

關於信用卡與卡債，有哪些是該特別留意的重點呢？在許多關於債務的恐怖故事當中，多是因為淨財富不足稅前所得的五〇％、持有壓榨性債務，以及沒有足夠的流動資金或是儲蓄，因應財務危機。

其中，「壓榨性債務」就是被現實所逼，不得不借的債務。例如到了月底已經沒現金可用，而只好刷卡，或用預借現金來繳交另外一張信用卡帳單，「以卡養卡」，就屬於壓榨性債務。

到底債務是如何愈滾愈大的呢？投資上我們常用「七二法則」來計算資產大約何時可以翻倍。舉例來說，七十二除以一等於七十二，也就是在一％的報酬率之下，資產翻倍需要七十二年。七二法則在債務上也是完全成立的，尤其是信用卡的循環利率與最低應繳金額。一筆三千美元的卡債，如果都只繳納一百五十美元，利率一五％（最低應繳金額通常為當期帳單消費的一〇％，以及前期未繳金額五％），需要花兩年才繳得完，而光利息就要付出四百七十三美元。這還是在沒有任何新增刷卡的情況下，真的要非常謹慎使用才行。

如果你身邊有人深陷債務困境，理債與理財同時進行絕對是可行的。但是如果有些債務真的是大到彷彿幾輩子都還不完，就需要法律協助。

「卡債受害人自救會」是一個可以提供債務問題諮詢的團體，可以就個人的狀況向律師諮詢，了解自己的法律權益。即使背負沉重債務，知道前方還有一道曙光，就能鼓起勇氣面對塵封已久的問題。

第21章

債務還款計畫：優先處理高利率債務

我們先來看看常見的債務種類，最常見的債務就是信用卡債，多數信用卡債是從信用卡分期付款開始的。雖然只要繳納最低應繳金額，就不至於影響信用，但其實這是許多人後來債務雪球愈滾愈大的起點，必須重視處理。

其次常見的貸款是車貸或房貸，以及學貸。雖然學貸利息很低，而且前幾年還可以只繳息不還本金，但念完四年大學，往往到了三十歲還沒繳完學貸。

再者是創業周轉債，包含信貸以及創業貸款。這類債務通常源於為了圓夢或開創事業的想像。更有甚者，還可能接觸到利率雪球：地下債，也就是債主並非銀行的債務。愈容易借到的錢利率就愈高，欠銀行的錢不用怕，但欠地下債就一定要想盡辦法優先償還。

最後一個，也是相當容易演變為法律糾紛的類型，是你的冤親債主：親友借貸，向朋友或家裡借的錢。

除了自己列出債務清單，我的建議是，每年去聯徵中心免費申請一份個人徵信報告。要特別留意的是，自己去申請聯徵報告不影響你的信用，但如果是因申辦信用卡或頻繁送件貸款，導致銀行查詢你的聯徵，則會影響你的紀錄。以我的經驗來看，許多人是看了報告才發現，有些信用卡連自己都忘記何時辦過。

理債三原則

列完債務清單，接下來要掌握理債的三大原則：

一、**借款利率高變低**

這是將分散的債務整合成一筆低利率的貸款。舉例來說，透過一筆較大金額的信貸去整合幾張循環計息中的信用卡債。而清償後的信用卡，就建議剪卡，不要再給自己過度消費的空間。

二、**債務筆數多變少**

當我們的債務一多，要記得的還款日就變多了，有的是五號要繳，有的是十號要繳，這些不同的帳單會讓人感到無法喘息。此時可以與銀行討論變更繳款日期，讓還款日盡可能集中，避免不小心忘記繳錢，造成延遲繳款。要特別留意，每次的延遲繳款紀錄都會左右你的信用分數，這個紀錄在聯徵報告上會保存一年，導致未來一年在申辦信用卡或是貸款上都會有嚴重的影響。

三、清償順序由小到大

仔細觀察你的債務清單應該就會發現，借款金額大的債務通常利率較低，借款金額小的反而利率高。因此，可以先從感覺較輕鬆的小金額債務集中火力優先處理，會讓人更有信心繼續向前。

在你的債務還沒爆炸之前，應該要先知道有哪些資金的管道來源不會計入聯徵，透過這些管道取得資金，可以避免因為信用卡延遲導致的信用瑕疵，同時爭取你的緩衝時間。

首先，是你透過「和潤汽車」這類車貸公司所辦理的汽車貸款，利率不低，但不會出現在聯徵。另外則是在「LNB信用市集」這類的P2P網路借貸平台所借的資金同樣不會計入聯徵。但要注意，這些都屬於地下債，不論是車貸公司或是信用市集，都有委託外部催收機構催收，催收力道也遠大於銀行。

再來，依據我們的「收入」與「債務支出」比例，會決定未來理債的基本路徑。如果收入大於債務支出，那麼基本上還是健康的；如果債務利率低，且投資報酬率高於債務利率，也可以不急於清償債務，保留資金理財，增加收益。

如果債務利率高而投資報酬率低，應該要維持穩定收入，專心償債，或者以代償方案將高利率的債務清償。而如果是收入小於債務支出，這就很嚴重了，必須盡快尋求法律協助。消費者債務清理條例，簡稱「債清法」，就是一個對債務人相當有利的法律支持力量。

最後的保障：債清法

債清法第一階段，是前置協商或法院調解。如果債務支出已經超過收入，大於個人還款能力範圍，要盡快主動向銀行接洽了解相關細節。前置協商有幾個好處，包含可以一次整合所有債務，不需要再面對不同銀行與還款日期。而且有機會依還款能力和銀行重新訂立可行的清償方案，同時避免進入下一階段的更生與清算。

當然協商後，你便無法再動用任何信用卡或信貸未動用的額度，銀行也不會再放款給你。協商後信用註記會有信用瑕疵的紀錄，必須等債務清償一年以上，才可以和銀行重新培養信用，重新申辦信用卡及貸款。

多數債務人可以在前置協商或法院調解得到共識，但如果談判不成則會進入債清法的第二階段，更生與清算。以債務一千兩百萬為界線，超過此金額，將由法院拍賣債務人財產進行清算，分配給債權銀行。若債務低於一千兩百萬，由法院依還款能力裁定分期清償的更生方案，剩餘金額可以全數免責。

雖然更生或清算會讓你在債務清償前的生活或職業受到某些限制，但終於有機會可以讓你兼顧生存，過度沉重的債務也有機會可以「打折」減免。當然，債清法的目的不是讓你欠債不還。進入法律程序後的相關事實還是需要法院及債權人的查核，而是否能順利申請通過，也是另一回事。

債務人如果符合債清法的保障資格，可以善用法扶的免費諮詢資源。透過法律扶助基金會的專業，來幫自己順利完成這一連串的法律程序。

最後，理債的過程中最大的敵人往往不是數字，而是自己的負面心態。無論面對的是多困難的處境，還是要先振作自己，維持穩定的收入。

此外，理債過程中可能有種種的不公平會發生，換句話說，你會感覺吃虧了。例如轉貸要付手續費，划算嗎？自己與銀行談的條件好嗎？要拿保單出來還債嗎？事實上，這些原本都可以避免的，只要我們記取這次的教訓。也不要忘了，每借一筆錢，就是延後自己財務自由的時間。

第22章

槓桿很可怕，千萬不要碰？

之前有一位朋友與我聊起家人做股票的事，說他的舅舅買股票賠錢了，被迫要賣掉他外公先前給他的一棟房子。外公很疑惑地問：「跌了不就是一百塊剩三十，再怎麼樣，股票也都還在吧？怎麼會需要賣房子？」

當時朋友年紀小，也不太懂那是怎麼回事。現在，只要稍對股票市場有一點涉獵的人都應該知道，這就叫「融資」，也就是「借錢買股票」的意思。借錢買股票的行為是一種「槓桿」。阿基米德（Archimedes）說：「給我一根夠長的槓桿，和一個支點，我就可以搬動地球。」這就是槓桿的力量，讓人們能用小資金撬動大利潤。

然而，做槓桿怎麼聽都是一個高風險的舉動，這真的是事實嗎？在金融工具中，如何用好槓桿呢？

什麼是槓桿？

以白話來解釋，槓桿就是「借錢」來進行各種投資和操作的行為，或是投資「自帶槓桿」的金融商品。

為什麼要借錢投資呢？簡而言之，這麼做可以放大你的投資效益。

以台股上市股票的融資為例，假設你有一萬元，買了一檔十元的股票，它漲到了十一塊錢，於是你賺了一千元，獲利是一〇％。但如果這一萬元透過融資，總共可以購買二．五張股票（目前上市股票的融資額度是六〇％，自備是四〇％），同樣漲到了十一元。這時候你的股票價值是兩萬七千五百元，假設利息與手續費是一百元，你還淨賺兩千四百元。相當於你賺了二四％，收益立刻放大了二．四倍。

自帶槓桿的產品包含期貨、選擇權等，以台灣加權股價指數為標的的期貨（簡稱「台指期」），其槓桿倍數大約是二十至二十二倍（以指數一萬八千點為例，每點的價值是兩百，合約價值原始保證金為十六萬七千，合約價值約為保證金的二十一倍）選擇權的倍數則更高。

當然，水能載舟、亦能覆舟，槓桿可以讓人賺錢更快，但虧起來也可以讓人虧到一毛不剩。比如以一萬元買了一檔十元的股票，跌了三〇％，你還剩七千元，雖然心疼，但不至於傷筋斷骨；但如果以一萬元透過融資買了二．五張股票，十塊錢的股票跌三〇%，把融資還掉後，一萬元本錢就只剩下兩千五百元，相當於賠了七五%。再多跌一點，就要把全部的本金都給輸掉了。

巴菲特也玩槓桿？

股神巴菲特是怎麼看待槓桿的呢？他在各種場合反反覆覆地強調「不要碰槓桿」，聽起來相當符合股神的風格，是吧？然而在股神一生的投資生涯當中，他本人就是槓桿投資最大的受益者。

我並不是說股神表裡不一，這其實與他投資的行業特性有關，那就是保險業。在巴菲特的波克夏公司（Berkshire Hathaway Inc.）旗下，保險業一直是最重要的投資項目。長期以來，巴菲特一直擁有六至十家不等的保險公司，涵蓋產險、壽險、健康險和再保險等保險業務。而保險業最大的特點是會產生大量的浮存金（float），也就是保戶向保險公司所繳交的保費。客戶投保的時候，都是先向保險公司繳交保險費，理賠往往是很久以後的事，有時候投保了幾十年間都沒有用到任何理賠。針對手上源源不絕的現金，保險公司一般的做法是預留一部分近期可能支出的保險理賠金額，剩下的就可以進行投資，而投資收益就屬於保險公司的獲利。

換句話說，只要保險公司的業務一直非常穩健，一直有很長期、穩定的客戶和新的保費收入的話，現金流是源源不絕的。巴菲特也說過：「用保險公司的浮存金投資就像你從銀行貸款，不過不需要支付利息，銀行反而還要向你支付利息。有比這更好的盈利模式嗎？」拿保險公司的錢做投資，這就是巴菲特的槓桿。如果仔細算帳的話，巴菲特的槓桿大約是一．五倍上下。這個槓桿倍數大概和用融資買上市公司股票的倍數差不多。

槓桿的成本不但非常低，而且時間可以非常長。市場上有很多人想要複製巴菲特的投資操作，但其實光在槓桿這一關卡，你就知道股神是無法複製的。

房貸也是一種槓桿

即便無法複製巴菲特投資，但很多人在不自覺中，就已經在日常當中使用金融槓桿。舉例來說，貸款買房子就是一個常見的槓桿操作。假設買房子可以從銀行貸款房價的八成，那只需要準備一百萬元，就可以買一間五百萬元的房子。

當然，你也可以等自己慢慢存滿夠幾百萬元之後，再來買房子，但這會面臨兩個問題，一是當你存到這筆錢的時候，原本價值如此的房子可能已經漲價了；二是「你需要一個地方住」，這種需求不可能持續等你存到足夠錢才實踐。用一部分的自備款買房，並在未來支付房貸，就是一種財務槓桿。這讓你可以住上原本負擔不起的房子。

槓桿除了可以讓你提早買到想買的房子以外，也是投資房地產的報酬率驚人的主因。舉例來說，房價上漲了一〇％，即從五百萬變成五百五十萬。如果不使用槓桿，你的獲利就是一〇％。但如果是貸款買房，使用了槓桿之後，一百萬本金增加了五十萬元的價值，投資報酬率等於五〇％。換句話說，房地產是一個五倍的財務槓桿。

相較於股票融資的一．五倍，不知道你會不會覺得奇怪，為什麼這麼多人敢在房地產上用這麼高槓桿的操作？其中的原因，還是在於房價的波動幅度遠遠小於股票。房地產投資客若遭遇需要斷頭殺出的情況，通常是因為他將房子一貸再貸，把槓桿倍數拉得更高的結果。

除了貸款買房的槓桿，購買定期壽險也是一個具備槓桿效果的理財策略。這裡所說的定期壽險，指的就是保障一定期限，在保險期間身故或全殘將獲得理賠的保險商品。定期壽險就是一種低保費、高保障的保險槓桿。

舉例來說，三十五歲的女性，總繳保費二十六萬，就能取得二十年期的定期壽險保額五百萬，幾乎等於所繳保費的十九倍。同年紀的男性，也有十倍左右的效果。因此，家庭責任重大而預算有限的青壯族群，便可以利用這類型的保險產品來建構家庭的防護傘。

有趣的是，定期壽險在國內的投保率低得可憐，主要的原因還是在於一般人購買保險喜歡「有去有還」。定期壽險在保險期間結束後，是無法返還任何保費的，錢就是花在過去這二十年的保障上。許多人因想要追求還本，繳了高額的保險費，卻沒買到多少保障。這是我們可以思考的地方。

總而言之，槓桿並非是該避之唯恐不及的毒藥，而是我們該熟悉的操作工具，槓桿是放大投資收益率的一種方式，它本身並沒有錯。適度的槓桿對投資人有好處，但過度使用槓桿恐會導致災禍。不妨想想槓桿的英文「Leverage」正好與酒「Liquor」類似，同樣是「小酌怡情，大飲傷身」。

請記得，槓桿是一把雙面刃，在投資人所期望的上升軌道中能放大投資收益，但在下跌過程中也會放大損失，帶來致命的打擊。因此，以高槓桿經營的公司、家庭或者個人就如同脆弱易碎的玻璃瓶，千萬要「小心輕放」！

第23章

這是詐騙嗎？常見的金融詐欺態樣與識別

先前看過一篇新聞報導，一名女性上班族返家途中，接到一通自稱是金融檢查單位的電話，指控她涉及洗錢罪行，並告知她要將所有資金轉移至所謂的「安全帳戶」以便進行調查。

這名接到詐騙電話的女子一方面擔心自己將會陷入法律困境，另一方面也對這突如其來的指控感到困惑。自稱是檢查員的詐騙集團成員對其施加心理壓力，使她無法冷靜思考問題，於是她遵從指示，將巨額款項轉到詐騙者口中的「安全帳戶」，不幸地成為詐騙案的受害者。

這樣的案例可說是金融詐騙的經典手法，也凸顯公眾對於詐騙手段的認知不足。

在我們每天的生活中，金融詐騙和詐欺行為比比皆是，甚至還常開玩笑說，台灣真的是詐騙王國。詐騙者通常利用我們對某種投資或財務機會的貪婪，或是對於法律的陌生，又或者透過親情的恐嚇，盡可能地蒐集我們的個人資料。而應對金融詐騙，最好的防衛就是認識常見的詐騙態樣，然後知道如何避免落入詐騙陷阱。

注意！常見的詐騙形式

常見的詐騙形式包括：網路釣魚、投資詐騙、虛假網站、社交工程詐騙、高利貸詐騙、電話詐騙、贈送詐騙，以及交易平台詐騙等手法。

一、網路釣魚（Phishing）

請謹慎查看電子郵件寄件人的地址，避免點擊來自不明身分的郵件中的連結。正規金融機構不會要求客戶在郵件中提供個人或敏感資訊。有些釣魚信件會偽裝成中獎或是警告信件，要求你進入一個網頁輸入個人資料，甚至是信用卡卡號。

二、投資詐騙

在投資之前，應該進行充分的研究，確保投資機會是合法的。來自未知投資機會的壓力式推銷就必須小心。在加密貨幣熱度很高的時候，最常見的就是以加密貨幣社群交友的方式，引誘投資，並且以假網站誤導投資人以為是獲利的狀態。

三、虛假網站

確保你在瀏覽器中查看網站的網址是正確的，且要避免輸入敏感資訊到不安全的網站中。Google 搜尋相當方便，但假網站也隨處可見，並經常會以廣告的方式放在網頁最顯眼的位置。這些假網站多半幾可亂真，沒有仔細比對根本看不出差異。因此最重要的，就是看清楚其網址。

除了假網站，近期也有假的臉書粉絲專頁，與正版的紛絲專頁頁面幾乎一樣，甚至有專業的客服小編，唯一差別是假粉絲專頁會釋放「利多」，提供優惠。不明就裡的網友很可能就誤信而刷卡，導致敏感資訊或信用卡卡號外洩。

四、社交工程詐騙

詐騙者可能聲稱自己是某個機構的代表，假冒成如銀行員、政府官員、家人、朋友等你我信任的對象，並聲稱我們面臨法律問題或其他嚴重後果，要我們立即採取行動，提供個人資訊或金錢。過程中經常使用心理技巧來操縱受害者，包括訴諸同情、製造急迫感或威脅等，引起情感壓力，使我們採取不明智的舉措。另外，他們也可能聲稱自己處於緊急情況，需要金錢援助，並請求受害者匯款。務必確認再三！

五、高利貸詐騙

詐騙者可能會在廣告、電子郵件、社交媒體或網站上發布虛假的貸款廣告，承諾提供快速、容易獲得的貸款，實際上這些貸款的條件極不公平。受害者獲得貸款後，這些貸款通常伴隨著非常高的利率，遠遠高於合法貸款的水平。這使受害者在還款時面臨沉重的債務負擔。

六、電話詐騙

詐騙者可能聲稱自己是政府機構、警察局、稅務局、銀行，或其他官方機構的代表，以恐嚇或欺騙受害者，要求支付款項或提供個人資訊。接到未知來電時，應該要求確認對方的身分，並不隨意提供敏感資訊。

七、贈送詐騙

詐騙者通常通過電子郵件、訊息、社交媒體或電話通知受害者，聲稱他們已贏得獎品或獎金，需要採取特定步驟才能兌現。比如要求受害者支付前期費用、稅款、手續費或提供個人銀行資訊，以便取得獎品或獎金。過程中會不斷施加壓力，要求受害者立即行動，不給受害者足夠的時間思考或驗證訊息的真實性。

八、交易平台詐騙

列舉三種常見的交易平台詐騙方式：

- **假交易平台**：詐騙集團設立一個假交易平台，吸引投資者下載 App 或登入網站，並要求投資者匯款到指定帳戶，然後利用假的看盤系統或行情圖，製造虛假的交易紀錄或價格波動，誘導投資者繼續增加投資金額或支付各種費用，最後關閉平台或失聯，讓投資者血本無歸。

- **假虛擬貨幣：**詐騙集團利用一些未上市或不存在的虛擬貨幣，打著高獲利或超越比特幣的名號，進行募資或招攬會員，要求投資者購買這些虛擬貨幣，並承諾未來會有升值空間或分紅回饋，但實際上這些虛擬貨幣根本沒有任何價值或流通性。
- **老鼠會：**詐騙集團利用一些已上市的虛擬貨幣，以高額回報或保證本金的方式，吸引投資者加入其所謂的「投資計畫」或「理財方案」，並要求投資者將虛擬貨幣轉入指定的錢包地址，然後利用後續加入的投資者的金額來支付前期加入者的利息或本金，形成一個龐氏騙局。

如何保護自己？

為了保護自己，避免成為詐騙受害者，我們必須採取以下措施：

第一，不要輕信陌生人或不明來源的訊息、電話、郵件等，不要隨意點擊可疑的連結或附件，不要提供或轉發個人資料或驗證碼。

第二，不要在網路上透露過多個人的隱私或情感，不要任意加入群組或信任素未謀面的網路陌生人，不要因為對方的甜言蜜語或感同身受而放鬆警覺。

第三，不要聽從來電話指示操作自動提款機或匯款轉帳，不要使用公用電腦或公共無線網路進行金融交易。

第四，定期檢查帳號登入過的 App，並移除不再使用的應用程式。關閉手機 App 上不必要的權限，定期更換密碼並開啟雙重驗證。

第五，使用可靠的防毒軟體和防火牆，並定期更新系統和程式，以防止惡意程式入侵。

如果你已經成了受害者……

當發現自己可能遭到詐騙時，應立即報案並保存相關證據，以利追究責任。並聯絡你的銀行來限制任何可能的財務損失。

在這個科技高度發展的時代，詐騙愈來愈高明。作為消費者，必須提高我們的警覺性和判斷力，以確保自己的金融安全。

第24章

收集帳戶、借戶頭，都可能觸法？

我們的財務資訊包含我們的身分、資金和信用，這些都是詐騙者和身分盜竊者的主要目標。然而，近期犯罪分子其實連到網路上偷資料都懶了，有鑑於民眾的貪婪與無知，許多犯罪分子根本就是以直接收購銀行帳戶的方式來從事犯罪行為。

有鑑於此，洗錢防制法修正條文於二〇二三年六月十四日公布生效，主要增訂了「無故收受帳戶罪」和「無故交付帳戶罪」，以補足過往的處罰漏洞。

打擊洗錢，增「無故收受帳戶罪」

現在資訊科技與金融服務都變得十分先進，有些人便會藉此收集各種人頭帳戶，準備洗錢。然而，在還沒有看到犯罪所得匯入這些帳戶的時候，其實執法機構難以依照現有的法律規定來將這些人繩之以法。

為了要從根本上打擊洗錢的行為，法務部決定對於收集帳戶的行為加以規定，這就是「無故收受帳戶罪」。如此一來，如果有人在沒有合理理由的情況下，以「特定方式」收集他人的金融帳戶、虛擬貨幣交易帳號或第三方支付帳號，那就要受到法律的制裁，可能面臨五年以下有期徒刑、拘役或科或併科新台幣三千萬元以下罰金。

所謂的「特定方式」，包括假冒政府或公務員的名義、利用媒體對公眾散播，甚至使用科技手段製作虛假的影像紀錄，或是提供一些獎賞，利用威脅或詭計等不正當的方法來收集帳戶。

詐騙集團常在社群媒體上利用名人的影像來誘騙他人提供帳戶資訊，現在的法律允許對這種「收集帳戶」的行為予以懲罰。不用等到錢真的轉進帳戶裡，就可以提前對這些犯罪集團進行打擊。

無正當理由提供帳戶恐入罪？

除了懲罰收集帳戶的行為，法律修訂還增加了對於「提供帳戶」的懲罰，即「無故交付帳戶罪」。如果你沒有合理的理由，卻將自己的金融帳戶、虛擬貨幣交易帳號或第三方支付帳號提供給其他人使用，這種行為也將被視為犯罪。

為何要新增這樣的規定呢？過往在沒有無故交付帳戶罪的法律下，司法實踐中常因為沒有足夠的證據，以致於無法直接對提供帳戶的人進行起訴，等同於讓那些幫助罪犯的人逍遙法外。

如果一個人在不符合一般的商業、金融交易習慣，也非基於親朋好友之間的信任之下，就將他的帳戶提供給別人使用，將促使洗錢行為變得更加猖獗，也讓司法部門在打擊洗錢的路上增加了許多困擾。

根據新修正的無故交付帳戶罪，若無正當理由將金融帳戶、虛擬通貨平台帳號或第三方支付帳號提供給他人使用，行為人將受到警方的告誡，再次犯規者，在五年內將面臨三年以下有期徒刑、拘役或科或併科新台幣一百萬元以下罰金。

如果提供帳戶數量多，或者交付帳戶資料給詐騙集團或其他不法分子，也恐面臨同樣刑罰。

此管理辦法還規定，受到告誡處分的行為人帳戶或帳號自違規告誡之日起計算五年（再次違規將會重新計算五年）間將受到一些限制，且行為人在這段期間禁止使用網路銀行、電話銀行，以及將存款帳戶連結到各種支付平台進行交易。

借戶頭不再無法可罰，千萬不要再賣帳戶了！

第25章

貧窮的本質

聽過「精緻窮」嗎？比起幾年前流行的「小資族」（僅有小額積蓄）概念，精緻窮多半是指：窮得明明白白，也活得開開心心。雖然賺不多，但並沒有因此放棄追求精緻，是為了自己所嚮往的生活和喜歡的東西變窮。

表面上看，一個可能是國家很窮、人民普遍都窮、窮到連自來水都沒有的貧窮，與把每個月的薪水都花在昂貴的奢侈品上，是兩種截然不同的生活水平。然而不管是每日收入不到二・一五美元（約新台幣六十八元）的窮人，或是「精緻窮」，其實貧窮的本質差異並沒有我們想像中大。

窮人把錢花到哪去了？

貧窮直接帶來的問題就是飢餓，我們可能都聽過「全球恐有十億人正在挨餓」這樣的宣傳文字。然而撰寫《窮人的經濟學》（*Poor Economics: A Radical Rethinking of the Way to Fight Global Poverty*）一書的兩位經濟學家，阿比吉特・班納吉（Abhijit V. Banerjee）和艾絲特・杜芙若（Esther Duflo）實地走訪了多個落後國家，去了解這些地區的人民生活，發現真實情況並非這樣——對大多數每天的生活費用少於九十九美分（約新台幣三十一元）的人來說，他們即使面臨飢餓，也沒有將自己手中的所有錢都拿來買吃的。

這本書針對十八個國家的窮人生活進行調查，數據顯示食品消費占農村極度貧困人口總消費的三六至七九％，占城市貧困人口消費的五三至七四％。同樣令人驚訝的是，即使是花費在食物上，也並沒有全部用來增加能量或營養素。可以多買一點食物時，人們會選擇買一些口味更好、價錢更高的食品。換句話說，好吃比較重要。

另一方面，窮人會挨餓，是因為他們有更重要的事要花錢。有什麼事情，比吃飽還重要？好比有些地方的傳統禮俗是極盡鋪張能事地辦婚禮，或是喪事一定要風光大葬。經濟學家甚至發現窮困地區的人的認為電視機比食物重要。實際上，再窮的人也不是只知道吃飯的動物，人們會有超越生活的各種期待，不管是面子，還是娛樂。總而言之，就是不讓自己過上無聊的日子。

為什麼不存錢？

既然吃飽是沒問題的，那為什麼不多存點錢呢？要回答這個問題之前，我們只需要先問自己：為什麼我們每年許下新年新願望，卻經常堅持不了？心理學研究以「時間矛盾」這個概念來解釋這一類的經濟現象。意即我們立刻要付出代價，但在未來某個時刻才能看到好處。

當下的我們是衝動的，很大程度被感性和即時的欲望支配。立下運動目標的你可能會這樣安慰自己：反正我現在也沒有心臟病，晚幾天再去運動也是可以的。同樣的道理，貧窮的家長可能完全相信接種疫苗的好處，卻需要今天就支付費用。他們也可能延遲購買一床蚊帳或一瓶消毒劑，因為手中的錢當下有更好的用途。

為了打破這種慣性，經濟學家經過分組對照實驗，得出一個概念，稱為「預設選項」。這是指政府或非政府組織應將有利於多數人的選擇定位為預設選項，如果人們願意的話，就會積極地朝這個目標行動。當然，人們有權選擇自己想要的，但要為此多花一點錢。

大多數人最終都會選擇預設選項。而過程中，政府或非政府組織給的小小獎勵（如接種疫苗而贈送好禮）只是提醒人們的另一種方式，給人們一個「今天就行動」的理由，避免人們無限期地拖延。

延遲滿足有難度？

在發展中國家，從市中心開車前往較為貧窮的鄉村地區，令人印象最深的應該就是那些沒蓋完或是蓋一半的房屋。可能四面有牆但沒屋頂，或有屋頂卻無窗戶。如果問屋主為什麼這樣蓋房子？他大概會告訴你：「因為我沒辦法一次就把房子蓋好。」

你可能會疑惑，一棟房子要蓋上好幾年，為什麼不等存夠錢再一次蓋好？

經濟學家還發現，開發中國家的農夫如果使用肥料，可獲得更好的收成，但農民在耕種季節到來時，手上往往已經沒有足夠的存款可以買肥料了。問題就在於：錢根本存不住！家裡總會有要用錢的問題出現，好比有人生病、有人需要買衣服、有客人需要招待等，而人們很難對這些問題說「不」。

也有農夫說，他總是收成之後，就提前購買肥料。這也是為什麼房子要蓋上好幾年——如果不是有錢就馬上買來磚瓦，然後砌上牆，這些錢根本就存不下來。

講到這裡，你應該已經知道，即使是處於極度貧窮狀態的人們，他們在所有方面都和我們一樣，有相同的欲望和弱點，也不比我們無知——或許正好相反，恰恰因為幾乎一無所有，做選擇時更會非常謹慎。為了生存，他們都需要成為精打細算的經濟學家。

當然，你我的生活和赤貧線下的人們依然有著天壤之別，並有完善的社會系統在支持我們。好比在勞退新制中雇主提撥的六%，就是你的「預設選項」，你可以再自提六%，提好提滿，在發現有這筆錢之前，它就已經被存進你的勞退帳戶中了，現在看起來，就像是一棟只有兩面牆的房子一樣。

而於此同時，我們也不可忽略「時間流」對於「累積金錢」的影響。接下來，我想要與你談談「錢從哪裡來」的故事。

PART 4

用錢推動世界

世界上的第一張股票，
讓當時的海外探險家找到足夠的資金來源。
此刻的我們如何抵達更遠的地方？
還有機會跟著探險家的成功分享利潤嗎？

第26章 錢從哪裡來？

你是否思考過「錢從哪裡來」呢？曾經有一個小孩好奇地望著他的父親，問道：「爸爸，你的錢是從哪裡來的呢？」父親望著他，微笑地說：「我的錢呀，那是我工作賺來的。」

小孩又問：「那你老闆的錢從哪裡來的呢？」父親回答：「那是來自客人的。」

小孩接著問：「那客人的錢呢？」父親這時笑得更開了，說：「那是來自他們的老闆的。」

小孩有些困惑：「那，那些客人的老闆，他們的錢是哪來的呢？」父親深深地看了小孩一眼：「其實，錢是由金融機構，也就是銀行，所創造出來的。」

那天，小孩學到了一堂很重要的經濟課：錢的來源並非僅僅是工作和交換，其背後實則是一個複雜且精密的金融系統。

「金融機構存款準備金率」帶來的影響

為什麼會這樣呢？我們可以假設村莊裡只有一個富翁，且村莊裡的人只要有錢就會放進銀行。這個富翁把它收租收到的一百元，放進了一間銀行當中，銀行可以借出九十元，保留十元以便有人要提款時可以交付。

老王去借了九十元向鐵匠買了耕田的鋤頭，鐵匠拿到了九十元，就存回銀行。

這時候，銀行還可以再借出八十一元（90×90%），老李借了這筆錢去開餐館，買了鍋碗瓢盆、家具，這些花掉的錢又被五金雜貨行、家具廠老闆存回了銀行，而銀行此時可以再借出去七十二．九元（81×90%）出去。循環往復，最後這個村莊所有人在銀行存的錢，加起來會是多少呢？答案是一千元。這個原本只有一個富翁、存了一百元的村子，到整個村子的人加起來有一千元的過程，讓全村的人都富了起來。

這個故事是一個簡化過的模型，但已經具體揭露了現在我們生存的這個世界，錢被創造出來的過程。更簡單地說，錢是由「信用」、「借貸」所創造出來的。

在故事當中，銀行必須保留存款的一〇%。此保留的比例有個專有名詞，叫「金融機構存款準備金率」。當中央銀行調降了存款準備金率，假設從一〇％下調至五％的時候，銀行就可以多借出五％的資金。而這個結果可以讓村莊裡流通貨幣總數變成多少呢？答案是兩千元。不過調降準備金率，讓村莊裡多出一千元的資金，瞬間大家都變有錢了，接下來必定是買、買、買，這當然可能帶來物價上漲的風險。

總而言之，當國家的中央銀行決定「降準」，即降低存款準備金率，可以鼓勵商業銀行增加放款，多借錢出去。調降的效果長期來看將可以讓資金更加豐沛，對於像股票這種非常需要資金灌溉的市場來說，是一大利多。也因此，即便降準的效益並不會立即地顯現，但股票市場會提前反應出這個好現象。

那麼，回到村莊的故事。什麼時候，銀行可能會擔心借出去的錢收不回來？而當銀行減少對村民的放款時，這個村子又會發生狀況呢？

這個問題的答案，留給你想想看。

第27章 什麼是利率？它如何影響借貸和儲蓄？

利率是一種重要的金融指標，它看似無形，卻影響著每一個人的生活。在經濟系統中，利率在調節資金供求、消費和投資等方面有著關鍵的作用。簡單來說，利率可以被理解為借款的成本，或者儲蓄的回報。

利率與借貸的關係？

首先，從借款的角度來看，當利率上升時，借貸變得更昂貴，阻礙了人們的消費和投資。當企業投資減少，便可能減緩經濟成長。然而，高利率也可以抑制通膨，因為借款者的負擔加重，人們可能會減少消費，進而降低物價上升的速度。

相反的，當利率下降時，借貸變得更便宜，人們可能會增加借款，以購買房屋或投資股票等資產，從而刺激經濟成長。這也就是為什麼央行在不景氣時，會透過降低基準利率來提振經濟。

利率如何影響儲蓄？

從儲蓄的角度來看，利率代表了儲蓄的回報。當利率上升時，儲蓄的回報增加，人們會更傾向於儲蓄而非消費。這也解釋了為什麼在通膨壓力高的環境下，央行會透過提高利率來抑制消費，從而達到控制通膨的目的。

提供一個關於利率影響的簡單比較：

	借款	儲蓄
利率上升	借款成本增加，可能抑制消費和投資。	儲蓄回報增加，可能促進儲蓄，抑制消費。
利率下降	借款成本降低，可能激勵消費和投資。	儲蓄回報降低，可能抑制儲蓄，激勵消費。

口語上說的「利率」其實各自不同？

在金融領域，「利率」一詞具有多種含義，應用於不同語境中，意義可能略有差別。而一般提到「利率」時，可能是指存款利率、貸款利率，或是政策利率：

存款利率

存款利率是指銀行為儲戶的存款所支付的利息，通常以年化利率表示。這種利率的高低會影響個人儲蓄的決定，因為存款利率愈高，儲蓄的吸引力就愈大。而存款利率又可分為活存利率、定存利率兩種類型，主要差異在於存款的彈性與利率的高低。在理財規劃時，我們需要根據自己的財務狀況與資金需求，選擇最適合的存款方式。（關於活存與定存的介紹，請見本書第 4 章）

貸款利率

貸款利率是指銀行或其他金融機構對貸款人收取的利息，通常也以年化利率來表示。這種利率的高低直接影響個人或機構借貸的成本，因此在考慮借貸時，必須仔細比較不同金融機構的貸款利率。

政策利率

政策利率是中央銀行決定的一種基準利率，用來調控經濟活動。政策利率的變動會影響銀行的貸款利率和儲蓄利率，進而影響整體經濟的運行。

- **重貼現率：**這是中央銀行對商業銀行短期資金調撥的利率。當商業銀行需要臨時短期資金的時候，可以將一些資產（通常是政府債券）賣給中央銀行，並同意在未來的某個時間點以一個預先設定的更高價格買回。買回的價格是原來的價格加上利息，而這個利息就是重貼現率。
- **擔保放款融通利率：**這是指銀行以央行認可之合格票券（包含政府公債、央行所發行的定期存單、貼現之商業票券等）作為擔保品，向央行申請擔保放款融通的利率。
- **短期融通利率：**屬於信用放款，相較於重貼現率與擔保放款融通利率來說，利率相當高。
- **存款準備金率：**又稱為法定存款準備金率，是指商業銀行將其吸收的存款中的一部分，按照中央銀行規定的比例，存放在中央銀行的帳戶裡，不能用於貸款或其他投資的資金。是中央銀行調控社會資金供應的重要工具，當央行升準或降準時，調整的就是存款準備金率。

總結而言，利率是指借貸或儲蓄時所支付或獲得的利息的百分比，對借貸和儲蓄的成本和回報產生直接影響。而政策利率的變動也會動搖經濟，並左右個人的財務狀況和投資決策。因此，了解利率的概念和影響，是開始理財的人應該掌握的金融常識之一。

第28章 什麼是指數？

想像一下，你是一位球賽的評審，正透過統計數據深入了解每位選手的表現，從而推斷出比賽的整體情況。這不禁讓人想起在財經世界中的「指數」——當你熟悉財經新聞或投資股票，可能會經常看到這個詞彙。

指數究竟是什麼？為何財經節目於投資環節中總是忙不迭地談論某某指數呢？為何指數與投資的關聯如此密切？

其實，指數不僅僅是與財經密切，與我們日常生活的方方面面也都很有關係。收看氣象新聞，主播可能會講到「紫外線指數」，這是根據國際照明委員會評估不同波長對皮膚晒傷引起的晒紅權重函數計算得來，世界衛生組織再將其分為五級，方便民眾採取應變措施。或是每年夏季登革熱的高峰期，衛生福利部疾病管制署會發布的「登革熱病媒蚊指數」，是代表革熱病媒蚊於住宅、容器等處所的密度。更多的實際範例，還包括去超市購物時，可能會切身感受到「物價指數」的變化，這項指數讓我們能夠衡量商品價格的變動；如果經常參與跑步、健身活動，可能也會了解到「心率指數」，以確保自己的運動強度在安全範圍內；而在學術界，「引文指數」對於研究者來說非常重要，這可以顯示他們的研究被其他學者引用的頻率。這些都是我們在日常生活中可能會接觸到的指數。

指數的定義與功能

我們可以給「指數」下一個粗淺的定義，其實指數就是「人類對一堆雜亂資訊的封裝」，就好像你桌上的綜合維他命——一顆就包含了一天所需要的多種營養素，方便每日食用。

你可以想像，如果一天需要吞下大大小小十幾顆藥丸，應該會大大降低我們補充個別營養素的誘因。由於人們的認知能力是有限的，很難在很短或很零碎的時間內，迅速地了解事務的全貌，因此需要「指數」這個「壓縮檔」，將資訊封裝起來，便於理解與使用。

一八九六年五月，查爾斯．道（Charles Dow）創立了道瓊工業指數（Dow Jones Industrial Average，簡稱DJIA），創立的緣由就是因為他需要一個「壓縮檔」來記錄紐約證券交易所每天的交易，形成了今天最常見的股票指數原型。

在金融市場，股票指數是一種可以表現股市行情的數據。這些指數由一堆代表性的股票組成，透過計算它們的加權平均數，讓我們能看出某個特定範疇的綜合表現，也像一個縮影，某種程度上反映了整個股市的變動情況。

指數的種類

現今，我們有各種不同類型的指數，例如股票指數、債券指數、商品指數、房價指數等。每種指數都有它特定的計算方法和選擇的樣本。透過這些指數，我們能夠對各領域有較全面的觀察。也因此，指數就是我們了解手中一籃子資產走勢的指標。這一籃子資產可以是商品（如石油、大豆、玉米）、區域（如美國、台灣、日本）、產業（如科技、金融、零售）、股票、貨幣、房地產等。

財經媒體中常見的美國三大指數，是道瓊工業指數、標準普爾五百指數，以及由美國全國證券交易商協會經營、以新興產業為主的納斯達克指數（簡稱NASDAQ）。

標準普爾五百指數，是由標準普爾（又常稱「標普」）公司在一九五七年創立，是繼道瓊工業指數之後全美第二大的指數。而有別於道瓊工業指數，標普五百指數是選取美國不同行業中五百支大型公司去編制。例如多數人都叫得出名字的3M公司、蘋果公司、Nike公司等，因其成分股中覆蓋不同的行業，所以指數走勢相對穩定，且具有代表性。

每個國家和地區都有其參考指數，例如美國標普五百指數、日本日經指數、德國DAX指數、中國上海綜合指數等，不同指數也有不同的編制方法。

什麼是指數投資？有什麼局限？

基於指數反映市場動態的特點，指數投資成為了許多投資者的一種投資策略。這是一種被動的策略，投資者購買的是整個指數的所有成分股，而不用自己一一進行挑選。主要是透過「交易所買賣基金」（Exchange-Traded Funds，簡稱ETF）來進行，或可以透過「指數基金」來實現。

不過，儘管指數能夠反映市場的整體走勢，也存在一些局限性。由於指數通常是由一些大型企業的股價組成的，某些時候可能無法準確反映所有公司的實際狀況，也無法預測前瞻性的市場變化，如新興行業的發展、政策轉變等。

作為一種重要的金融工具，指數的出現讓我們能更方便地理解並參與金融市場。在投資過程中，我們可以使用指數來形成投資策略，也可以透過它來衡量我們的投資表現。同時，我們也要認識到其局限性，並結合其他資訊來做出更完善的投資決策。

第29章

世界上第一張股票哪裡來？

當我還是青少年，對投資的認識還停留在存錢筒時，媽媽就已經引發了我對理財投資的興趣。一日，她從牛皮紙袋中拿出一張有著紅色底紋的紙，告訴我這是她買的一檔銀行票。她邊拿著股票，邊講述投資這張股票過程中的酸甜苦辣。

當年，新銀行在台灣正式開放營運，她選擇購買了台新金，卻遇上股市大跌。而當股市回穩，她一直持有到今天，因此有了一筆驚人的收益。

股票對我來說，就像媽媽這一段跌宕起伏的故事，包含了風險與收益的雙面性。從那場對話後，我對股票有了一種全新的認識和理解，股票也成為我個人理財的重要工具之一。

什麼是股票？

先來了解什麼是股票吧！股票指的是一種證券，表示持票者在某個公司中擁有一部分所有權。持有公司股票的投資者被稱為股東，有權參與公司決策，並有資格獲得公司的一部分利潤，通常以股息的形式分發。

股票是一種讓普通投資者參與企業經營的途徑，只需購買股票，即可分享公司的盈利。當公司經營良好，股價上漲，投資者可以賺取資本利得。此外，公司分紅也是投資者的收益來源之一。

然而，投資股票也不是沒有風險。如果公司經營不善，股價可能下滑，投資者可能遭受損失，且股票的價格變動可能會受到許多因素影響，包括公司的業績、經濟環境，乃至全球經濟狀況等。因此，投資股票需要理性與充分的研究。

股票的由來

在相關文獻當中，其實第一張股票的起源有幾種不同的說法。荷蘭東印度公司（VOC）所發行的股票時間未必是最早，卻是最有規模，且流通最廣的股票，被廣泛認為是股票鼻祖。

十六世紀末，歐洲的探險家們希望能夠從東亞，尤其是當時的印度尼西亞（即現在的印尼）取得香料，紛紛出海尋找新航線。剛剛獨立不久的荷蘭，光是國內就有大大小小十四家以東印度為主要貿易對象的輪船公司，這些貿易船隨著季風往東亞航行，幾乎都在同一時間抵達東亞，搶購物資的結果，導致買入的價格高漲。同一批船隻又順著季風在同一時間回國，導致賣出的價格大跌。

於此同時，荷蘭國家議會為了對抗英國女王成立的不列顛東印度公司，希望能夠整合國內的小貿易公司成為一家大公司，以壯大海上的貿易實力。但這個過程除了由各大商會出資以外，也釋出約六百五十萬荷蘭盾的股權由全民認股。因此，與不列顛東印度公司是屬於女王的財產不同，荷蘭東印度公司可說是一間民營企業。

既然荷蘭東印度公司首開風氣之先，由全民認股，認購了股權的民眾自然就有因自身財務的狀況而需要轉讓股權的時候。一六〇二年，荷蘭東印度公司成立了阿姆斯特丹證券交易所，讓有需要變現的民眾可以在這裡交易股票，大大地增加了股票流通的方便性。

隨著荷蘭東印度公司在貿易路線的擴張，其巔峰時期可以說是富可敵國，兩百年間，荷蘭東印度公司的年化報酬率高達一八％，可以說是當時世界上最賺錢的企業。據學者估計，當時東印度公司的市值如換算今天的美元，可能高達八兆美元，是現在蘋果公司的八倍。

回到股票的本來面目，股票就是企業籌措資金的工具，如果你購買了東印度公司的股票，其實你就是持有了一部分的東印度公司。這也是巴菲特再三強調的：「買進一張股票，買的不是股票本身，而是公司的一部分所有權。」

當我們回顧股票的歷史，明白買進一家公司的股票，其實是擁有了公司的一部分所有權。此刻當你聽到有人報明牌，說哪一支股票很快要漲了，比起數字的浮動，你會不會開始對這間公司產生不同的好奇心呢？

第30章
利息怎麼會有「負」的？

一座村莊裡，居民非常和善友好，彼此間經常互借物品。其中有個叫林的男子十分奇特，他有個非常大的布袋，從早到晚都在借物資給需要用的人。

林借出去的物品，從器皿到農具應有盡有，任何人有需要，林都非常樂意借出。甚至他每次借東西給別人，都告訴對方：「這個不必還我，你們用完了，如果別人有需要，你就將它借給別人。」

如此，林的物資就開始在村子裡傳遞了起來。時間久了，村民才發現這個事實：這些物資並沒有還到林的手上，只是在村子裡流通來去，而且在人們有需要的時候，物品多半會如期而至。村民們都很感謝林的善行，這使得村莊的生活變得更為便利，人們也更懂得彼此間的互助。

借貸的力量，恰是奉行「自利利他」的原則，善良的行為在人群間傳遞，就能在生活中帶來無窮的益處。然而這只是一個故事，事實上，借貸存在著有借有還的信用關係，且進一步深想，當你暫時把不需要物資出借給別人，若干時間之後回收，並取得遞延的報酬。你拿回來的比你借出去的多，一來一回的差距就是「利息」。

對於出借物資者而言，利息多半會是正的，這是常態。否則你寧可把物資堆在家裡，也不會冒著收不回來的風險去借給別人。

那為什麼會出現負利率呢？

歐洲的負利率時代

二〇一九年時，已有九個已開發國家的央行將基準利率設在零以下。一般民眾雖然不必因為存款而付費給銀行，但商業銀行將「超額存款準備金」存放在央行時，則必須付費。我們可以把超額準備金想像成銀行一時借不出去，或是沒人借的資金。假設存款準備金率是負一%，商業銀行每存放一千萬美元在央行，年底餘額將降為九百九十萬美元。換句話說，商業銀行如不借錢給大眾，錢也會變少。

理論上，將基準利率設在零以下，應該能壓抑商業銀行的超額存款準備金，然而歐洲央行自二〇一二年開始實施負利率的結果竟然完全失效。至二〇一九年底，商業銀行的超額存款準備金竟來到一．五兆歐元，歐洲銀行可說是錢滿為患。直到二〇二二年歐洲央行宣布升息，才告別了十年非常態的「負利率」時代。

另一種負利率

還有一種負利率，是指商業銀行存款名目利率雖低但仍然是正數，只不過利率低於通貨膨脹率，導致存款實質利率為負利率。換句話說，存款人的實質購買力正在被通膨侵蝕。

有些人認為既然是負利率，那我把錢放床底下就好了。這當然不是好方法——你的錢還是會不見，只要央行多印點鈔票就可以。

之所以會發生負利率的原因，追根究柢還是因為央行超發貨幣。在過去，超發貨幣的結果是引發惡性通貨膨脹，導致購買力下降。現在的狀況則是負利率讓我們的購買力下降。

那麼應對負利率，我們還能做什麼呢？我認為應該要**轉換思維，由原本的「理財思維」，調整為「理債思維」**。與其當財主，不如當「債」主。

存款，是民眾把錢借給銀行，但當利息太低，甚至是負的，那就不要借了，改當銀行的股東吧，把自己變成向大眾借錢的人——買公司債或是買房，都是我們能轉換思維的選項。舉例來說：房地產能向銀行借到房價的八成，且利率甚至低於二%，長期來看，幾乎等於不用利息的（因為利率被通膨抵銷），假設在房價不漲不跌的情況下，那就還是應對負利率的好工具。

第31章

景氣好壞，就看就業好壞

台灣人常說「吃飯皇帝大」，意思是說吃飯這件事最重要，天大的事也得先吃飽飯再說。農耕時代，是看天吃飯；而在現代，或許就要看能不能找到工作，有一份穩定的工作，才能有飯吃。

就業穩定與政權穩定息息相關，就業狀況通常是政府施政的第一要務，要盡可能讓想要找工作的人都能有工作做。而景氣狀況也會直接的影響就業狀況，當景氣好，企業雇用人員的需求就會增加，就業率會提高，薪資也會連動提升，民眾消費意願會跟著提高，進一步讓企業的營收更好，形成正向循環。

那麼，在經濟指標中，我們可以參考哪些就業數據呢？

失業率與「隱藏失業人口」

在美國，美國勞工統計局在每月的第一個週五公布就業數據，在台灣，則是在每月二十三日前後由行政院主計總處公布。其中，最重要的數據就是「失業率」。

根據世界銀行的定義，失業率是指十五至六十四歲的勞動力群體中，正在找工作但無法找到工作的比例。然而此指標僅考慮了「經濟活躍人口」，即有工作或正在找工作的人，排除了未參與勞動力市場的人，包括學生、退休者、家管，以及一大批「失去信心、放棄找工作的失業者」——這批人才是受到經濟衰退影響最嚴重的人。

在實務上，這種定義可能會低估實際失業率，尤其在經濟困難時期，很多人可能就算有意願工作，也找不到工作。他們被稱為「勞動力市場的非活躍人口」，也反映了失業率的限制，即「隱藏失業」。因此，在解讀失業率時，應該將其視為一種整體經濟健康狀況的指標，而非用來衡量人們找不到工作的精確數值。

此外，因經濟衰退後，需要過一段時間找不到工作，才會被計入官方的失業率當中，所以市場普遍將失業率視為「落後指標」。如果我們要依據失業率來進行投資的判斷，思考邏輯需要相應調整。失業率表現不好的時候，通常是應該反向開始加碼投資的時間。

其他就業市場指標

投資美股市場會另外參考兩個重要的指標，來作為觀察整體景氣好壞的晴雨表。第一個是初次請領失業救濟金人數，第二個是非農就業人口。

初領失業救濟金人數

美國勞工部每週四會公布前一週當中第一次來申請失業救濟金的人數，計算上週有多少人來填寫失業救濟金的申請表。在景氣衰退期，如果初次請領失業金人數的數字由四十萬以上的高點回落，通常表示衰退期已經接近尾聲，但此時的失業率可能還持續創新高。

換另一個角度來看，景氣繁榮時期的尾聲，初領失業救濟金人數可能由低點反彈走高，即使這個時候的失業率還在持續創新低，你也要開始減碼風險性的投資，做一些保守的布局。

非農就業人口

非農業就業人口占全美就業人口的九成以上，包含工廠、辦公單位、商店、政府單位等，因此，非農業人口的就業數據能反映出製造業和服務業的發展狀況。此數字減少便代表企業減低雇用，景氣可能步入衰退；反之則代表景氣好轉，由於製造業生產人力需求上升，隨之消費需求也會自然增加，進而帶動消費零售和服務業的人力需求增加。

在穩定就業成長的狀況下，非農就業人口每月新增的數據大約落在十五至二十萬人，但非農就業人口年增數據則更能夠看出美國就業市場的長期趨勢。過去非農就業人口年增數據低於兩百萬人且持續減少時，通常代表景氣走弱，而此時美股也容易出現下跌的走勢。

第32章 製造業的晴雨表：ISM製造業指數

你想過家中存放的即溶咖啡是哪裡來的嗎？你可能會認為，不就是在超市買的？如果我說，一罐即溶咖啡從工廠到你家的過程，其實反映了景氣的好壞，你相信嗎？

如果你曾經留意財經新聞，應該聽過「ISM製造業指數」這個名詞。這是由全球最大且最具權威的供應與採購管理專業組織，美國供應管理協會（Institute for Supply Management，簡稱ISM）每月定期公布的指數。投資機構非常看重這個指標，認為ISM製造業指數走低，將引發人們對經濟成長放緩的擔憂。

製造業被認為是經濟活動的先行指標。這類行業需先購買原料和生產設備，進行生產，再銷售產品。這也意味著，製造業的興起和下滑，會比消費者有感的時間早。

舉例來說，雀巢公司（Nestlé）生產了一百罐的即溶咖啡，而手頭稍鬆的你在逛超市時，心想不如多買一罐，省得常常要跑回來「補貨」。這一段時間感覺收入不錯，與你樣相同想法的人不少，大家都買了兩罐。

超市突然發現貨架空了，趕緊打電話向雀巢公司調貨，雀巢公司發現自己的庫存所剩不多，趕緊加班生產，同時多請了一批員工。負責裝瓶的員工報告，玻璃瓶不夠了，上游廠商因為最近訂單較多，原本一週能交貨的，現在要一．五週。但也有好消息傳來，今年的咖啡豆盛產，咖啡豆的價格下跌了二〇％，因此雀巢公司又向巴西的咖啡豆廠商多訂了一個貨櫃的咖啡豆。

這個時候，堆在雀巢公司桌上的訂單已經又多了好幾張，該怎麼交貨？這讓雀巢公司急得像熱鍋上的螞蟻。一罐即溶咖啡從採購咖啡豆，製成即溶咖啡粉，包裝後再送到超市，最後被人們買回家。這個過程可能需要好幾個月，甚至更久的時間。

所以，如何準確而迅速地掌握製造業的動態，就變得非常重要。這也是ＩＳＭ製造業指數存在的原因。此指數包含訂單、生產、就業、供應者交貨時間等五大分項，數值在五十以上，代表該項經濟活動正在擴張；數值在五十以下，則代表該項經濟活動正在收縮。

美國供應管理協會每個月針對二十種製造業裡三百家公司的採購經理人進行問卷調查，內容包含十項指標：

一、**生產**（Production）：如雀巢公司一般生產的數量。
二、**新訂單**（New Orders）：也就是來自超市的訂單。
三、**聘雇狀況**（Employment）：如雀巢公司新招募的員工。
四、**供應商交貨速度**（Supplier Deliveries）：如玻璃罐供應商交貨的速度。
五、**存貨**（Inventories）：如雀巢公司的庫存。
六、**客戶存貨**（Customers' Inventories）：也就是超市的存貨數量。
七、**原料價格**（Prices）：如咖啡豆的價格。
八、**未交貨訂單**（Backlog of Orders）：也就是還沒辦法交貨的訂單數量。
九、**新出口訂單**（New Export Orders）：例如桌上新增的訂單。
十、**進口**（Imports）：是否直接進口別家的即溶咖啡，來解決產能不足的問題。

其中，製造業採購經理人指數（Purchasing Managements' Index，簡稱ＰＭＩ）是由新訂單、生產、聘雇狀況、供應商交貨速度、存貨等五項指標加權計算而來。ＩＳＭ的調查問卷會把每個問題的答案分成比上個月更好、持平、變差等三種狀況。

當新訂單增加，生產增加，聘雇增加，供應商交貨速度變慢，存貨減少，就是一個景氣變好的訊號。也因此，ＰＭＩ是反應未來景氣變化的先行指標，數據好壞一公布，便立即影響金融市場，被視為最重要的領先指標之一。

第33章 購買基金該怎麼做？心理帳戶如何影響我們的選擇？

我們在第29章介紹過股票，接下來，另外一個常見的市場投資工具就是共同基金了。共同基金可說是同時持有一籃子股票的概念，然而境內基金、境外基金與海外基金又有些許差異。此外，我們還可以藉由購買基金，來談談「心理帳戶」的影響。

共同基金的基本概念

共同基金就像是一個大型的投資組合，由專業的基金經理負責管理，他們會將大眾投在基金中的錢，分散投資在許多不同的股票上。當你購買一檔基金，其實就是購買該基金投資的所有股票的一小部分。簡單來說，透過共同基金，一個小投資者可以非常方便地投資到許多不同的股票上，且不需要自己分析和挑選股票。

國內基金公司（又常被稱為「投信公司」）可以募集「證券投資信託基金受益憑證」（一般簡稱「共同基金」），由公司內部的基金經理人及投資研究團隊投資操作。

國外基金公司（即登記註冊地在台灣以外地區的公司）所發行的基金，稱為「境外基金」（Offshore fund），經金融監督管理委員會（簡稱「金管會」）核准後也可在國內銷售。境外基金必須授權國內合格的機構為台灣地區唯一的總代理人，負責其基金的募集與銷售，並提供投資人必要的資訊。而投信公司、投顧公司及證券經紀商等，若要申請擔任銷售境外基金的總代理人，必須符合金管會訂定的條件。

在銷售方面，不論投信公司所發行的基金產品，或是總代理人引進的境外基金，銷售管道都需要經金管會核定。投資人則可以從多元的投資管道中，比較不同銷售通路所提供的各項服務，選擇適合自己的申購管道。

境外基金與海外基金的差異何在？

投資國外的金融市場已是投資人重要的選項，投資人可能會在接收基金資訊時，因名詞不統一的情況而產生混淆，比如對於共同基金而言，「境內」（Onshore）與「境外」（Offshore）指的是基金發行公司的註冊地，「海外」（Overseas）與「國內」（Domestic）則是指基金資產的投資區域。

境外基金，是指在一國境外設立的基金，在國內銷售須透過投信公司、投顧公司等總代理業者代理銷售。

海外基金，則是指基金資產主要投資於本國以外地區的股票、債券等標的。

早期受限於法令規定和國內投信公司的能力，一開始未能發行投資國外的基金，因此基金業者、分析人員或媒體常將海外基金與境外基金混為一談。隨著基金相關法令的開放，以及投信公司與國外資產管理公司合作，聘請海外的投資機構擔任顧問。投信公司的國際投資能力提升，投信公司募集發行的海外基金也已經成為市場的主力產品。

境內基金與境外基金有何不同？

境內基金與境外基金的主要差異在於基金的發行所在地。境內基金是指在國內經金管會許可，並在國內所發行的共同基金。而境外基金則是依據證券投資信託及顧問法第五條定義，為在中華民國境外設立，具證券投資信託基金性質的基金，也有人將境外基金（Offshore fund）稱為「離岸基金」。

境外基金與境內基金對於基金資產的管理與保管都是分開的，基金資產都是隸屬於基金投資人（境外基金為股東身分，境內基金為受益人身分），獨立存放於基金資產保管機構之中。因此，即使境外基金公司倒閉，投資人仍可按一定流程取回個人的投資金額。

我國自二〇〇五年正式實施「境外基金管理辦法」後，在國內投資合法登記的境外基金，若遭遇境外基金機構倒閉的情況，基金的總代理人依法須負起協助投資人辦理後續基金贖回等相關事宜。因此，唯有投資合法的境外基金，才能在不幸遭遇此一問題時，獲得必要的保障與協助。

共同基金還分A、B？

假設你想買基金，可能會查查網路上熱賣基金的歷史價格，以及基本資料。這時你可能會發現，相同的基金名稱後面接了一些英文字母，這代表什麼意思呢？

其實，不管基金名稱後面加的是A、B、C、I等，只要是同一檔基金，基金的投資組合內容都是一模一樣的。只不過在同一檔基金中，會依投資人的類型與不同的需要，發行不同的基金股份類別（Share Class）。而這個股份類別，就會在基金名稱後面加上英文字母來區隔。

依手續費的收取時機來區分

一般在申購基金時，會在一開始就支付申購手續費，屬於「前收級別」，也是市場中最為常見的股份類別，多稱為「A股」。不過也有投資人選擇在基金贖回時才支付申購時該付的手續費，也就是「後收級別」。這一類收取「或有遞延銷售手續費」的基金，在境外常稱為「B股」、「C2股」、「Y股」、「T股」等。

依配息與否來區分

當投資人要進行長期投資，或是不要求基金配息時，可以選擇不配息的基金。這一類型不配息的基金股份類別，常見名稱有「A（ACC）股」、「C股」等。「ACC」代表收益累積不分配。

不過，如果投資人是為了退休後生活的正常開銷做準備，或是需要有固定現金收益，就會希望在投資基金之餘，也能有現金流入，以因應人生中不同的需求。這一類型配息的股份類別，境外常見名稱為「A（Dis）股」、「M（dist）」股，國內投信發行的基金名稱則是有「B股」字樣，部分來自香港的基金在配息級別使用「T股」。「Dis」代表收益分配，「M（dist）」代表月配息。這些縮寫的出現，只是為了要讓投資人可據此得知配息條件。

以發行幣別來區分

配合投資人手中資產與外匯的需求，基金公司也會發行不同計價幣別的基金，除了常見的新台幣與美元外，也有日圓、澳幣等不同計價幣別之基金。如果在貨幣代碼之後加上「hdg」，則代表該幣別的避險股份。

話說回來，分成這麼多不同類別，基金公司顯然是有商業上的考量。但我更想借用行為經濟學的理論來解釋，為什麼明知道前收手續費可以打折，但許多人還是熱愛不能打折的後收型基金？這是因為我們把錢分別放在不同的心理帳戶。

什麼是心理帳戶？

先設想這個情境：你打算去電影院看電影，電影票一張一百元，可是你在售票口才發現自己掉了一百元，你當下會按照原計畫繼續去看電影嗎？

再設想另一種情境：你還是打算去看電影，但弄丟了前幾天花一百元買的電影票，這時，你會再花一百元買票看電影嗎？

在前者情況下，即使丟了一百元，大部分人仍然會選擇繼續去看電影。而後者情況，丟了價值一百元電影票，大部分人就都放棄了看電影的計畫。明明兩種狀況都損失了一百元，為什麼帶給我們的感受不大一樣呢？

這是因為一百元的現金與一百元的電影票，在我們心裡分屬於兩個不同的帳戶。現金丟了不影響我們去看電影，但如果是電影票丟了，再買一張票就等於電影票價值漲到了兩百元。

回到基金手續費上，在前收型基金，你在買到基金單位數之前，先被扣了三％的手續費，這個費用是從你的「儲蓄帳戶」中扣除的，因此你會顯得斤斤計較。如果是後收型基金，費用是每天從淨值當中扣除的，扣的是你的「投資帳戶」，既然你都買基金了，費用從投資帳戶裡出，也就顯得天經地義。透過這道購買思考題，你發現這中間微妙的差別了嗎？

第34章

房市好嗎？看看房價指數

試想一下這個情境：身為一名寶藏獵人，你站在廣袤的沙灘上，手裡拿著一個金屬探測器，準備開始一趟新的尋寶旅程。在這片沙灘上，每顆小石頭都可能是你尋寶過程中的重要指標。每次探測器發出的聲響，都將帶領你更接近寶藏的可能所在。

實際上，房價指數的探討，就像這場尋寶旅程。每棟房子的地段、建築條件、樓層、採光、座向等細節，都像是我們手中的金屬探測器，在尋找一處真正的「價值寶藏」。而如果僅關注平均價格的變化（比如因「平均房價較去年同期上漲一〇％」，就認為每棟去年每坪三十萬的房子，今年每坪來到三十三萬），那就像是在廣大沙灘上，只用眼睛而不用金屬探測器，試圖找出那些深藏的寶藏，而這樣的做法可能會失去探尋真實價值的機會。

由於房地產具備高總價、低變現性的特性，對於經濟景氣的反應速度相對緩慢，價格波動並不像股票市場般迅速，交易量亦有限，再加上高異質性（意指房子與房子間的差異很大）的影響，若我們只憑藉平均價格的變化來判斷區域房價的波動，很容易做出錯誤的判斷。

那該怎麼運用我們手中的探測器呢？不妨參考「房價指數」。台灣主要的房價指數可分為官方版與民間版：官方版為內政部的住宅價格指數，民間版代表性的指數有信義房價指數、國泰房地產指數等。

房價指數的數值代表的是相對於基期的房價變化率。例如基期是二〇〇〇年，當時的指數訂為一百；到了二〇一〇年，房價指數為兩百時，就表示房價已經比二〇〇〇年增加了一倍。

房價指數的變動是由許多因素所影響的，包括供需關係、貨幣政策、社會經濟情況、投資者情緒等。當經濟好轉，人們對未來樂觀時，對房地產的需求增加，房價指數就可能上升。相反的，當經濟狀況疲軟、人們工作不穩定，買房的需求就會降低，對房價指數造成壓低的影響。

兩種房價指數編制法

內政部的住宅價格指數在二〇一八年第四季編制方式有非常大的改變，從原本使用「特徵價格法」編製房價指數，改為「類重複交易法」，與美國標普公司發布的「凱斯—席勒」房價指數（Case-Shiller Home Price Indices）相似。

不同於內政部新版的指數，信義房價指數依然採用「特徵價格法」。

國泰房地產指數是國泰建設與張金鶚教授研究團隊合作編製，其主要的調查對象為預售屋和新成屋。研究團隊同樣以「特徵價格法」來控制房屋品質，並以「可能成交價」取代開價，這個可能成交價考慮了建商可接受的議價空間，藉此計算可能成交價指數。

特徵價格法

特徵價格法編製的特色，可以想像如農夫收成蘋果後，會將蘋果按照大小尺寸或外表有無損失，分裝在不同的籃子，以計算不同籃蘋果的價格。當市場上有新的蘋果成交，就拿來與各個不同籃子裡的蘋果比一比，決定價格波動的程度。

在房地產上，先找尋特定時間（也就是基期）住宅市場上的典型住宅屬性特徵，代表該基期的標準住宅品質。後續藉由不同時間的交易樣本，計算標準住宅在不同時間點的價格波動變化。然而，不同時間範圍下，標準住宅一定有所差異，而且當標準住宅與實際交易樣本的屬性有差異時，將會造成價格指數有顯著波動。

類重複交易法

為避免特徵差異影響了估計出的住宅價格，因而有了重複交易法。這是藉由同一棟房屋於不同時間交易的價格波動來計算房價指數。我們也可以想像成是農夫比較同一顆蘋果的歷史交易價格。

台灣由於交易數據還不足，是以模擬的方式比對出類似交易房屋的價格，故又稱之為「類重複交易法」。

理解房價指數，有什麼好處？

因為房地產的異質性，造成房價難以標準化，每一個房地產物件的交易價格，除了反映「價」的變動之外，同時還包含了「質」的因素，並不能據以衡量真正的房價漲跌。因此房價指數就是一個觀察房價走勢的「壓縮檔」。

值得注意的是，既然是個「壓縮檔」，我們就要特別留意每個指數的編制方式，因為不同的計算方式可能會得出不同的結果。

總而言之，對首次進入房市的新手來說，掌握房價指數有助於了解目前的市場趨勢，讓你在買房時能夠做出更理智的判斷，為買賣決策提供有力的數據支持。而如果你現在已經擁有房地產，那麼房價指數的變動，就直接影響到你的資產價值。

第35章

為什麼消費者信心指數很重要？

消費者對於未來的預期，被認為是投資的領先指標。因為對未來的信心是非常直覺的，試想一下，如果消費者看了水晶球，發現一場風暴即將來臨，當然就會削減開支。這個訊號會像病毒一樣，很快地波及各行各業，影響整個經濟。這也正是將消費者信心作為領先指標的重要原因。

每個月公布消費者信心指數的民間組織主要有兩個，一是密西根大學消費者信心研究中心，另一個是美國經濟諮商局（The Conference Board）。

密西根大學消費者信心指數

消費者信心指數的概念，最早起源於二十世紀五〇年代初的美國，為了總結戰後的消費行為改變，經濟學者認為必須對消費者信心進行測試和度量，最終創立了消費者信心指數。這個指數也被視為「民意的晴雨表」，能迅速反映出民眾對經濟未來發展的樂觀程度，並成為政策制定和公司決策的重要參考指標。

密西根大學消費者信心研究中心透過電話調查來蒐集相關數據，會詢問民眾自身的財務狀況、對國家經濟狀態、商業環境等的認知與期待。針對個人財務狀況部分，會問及其所得狀態，以及預期的所得變化。針對企業經營狀況，主要探詢消費者對企業的經營情況和前景的看法。而針對購買狀況，將詢問消費者是否打算在未來優惠下購買一些大件商品，如房屋和車輛。隨後，這些答案會被量化處理，並乘以該題目的權重，綜合計算出最終的指數。

這些數據以一九六六年為基準年度編製（一九六六年度的消費者信心指數為一百）。如果指數為一〇五，則表示當前消費者信心指數是一九六六年數值的一〇五％。如果指數上升，意味著消費者信心增強，反之則為消費者信心下滑。

在二〇二〇年三月疫情期間，報告中失分最多的部分，是涉及對未來一年經濟前景的判斷，此項下降了二九％，占三月總降幅的八三％。雖然三月的數據優於預期，但隨著病毒傳播加速、活動取消、人們自我孤立，人們的信心是進一步下降的。

美國經濟諮商局消費者信心指數

美國經濟諮商局和密西根大學消費者信心研究中心的實際衡量方法非常相似，其消費者信心指數由兩部分組成：消費者對當前形勢的評估指數，以及消費者對未來形勢的預期指數。兩者在總體消費者信心指數中的占比，分別是四〇%和六〇%。

而美國經濟諮商局研究問卷經過數回變更，才形成現今的五個問題模式：兩個問題關於當前形勢，三個問題關於未來預期。此外，還會問及關於住宅、新車，以及大型家電的購買計畫。然後將這些數據以一九八五年為基準年度，編製成一個指數（一九八五年度的消費者信心指數為一百）。

這個指數的創立，加強了政府和企業對消費者信心影響經濟形態的了解。每月的最後一個星期二，美國經濟諮商局會公開發布消費者信心指數，作為大眾、企業和政府參考經濟發展趨勢的其中一項重要指標。

如何解讀消費者信心指數？

當發布的消費者信心指數接近一百的時候，說明消費者對經濟的未來走勢持積極樂觀的態度，人們也會因此而加大消費支出的比例。消費者信心指數愈高，愈表明經濟會保持強勁的走勢，零售總額和就業人數也會持續上升。

有鑑於消費者的消費能力在整個經濟週期中的重要性，因此，當消費者信心下跌的時候，經濟就有衰退的風險。當消費者信心指數下降到九十至八十時，我們必須有高度的警覺。也就是說，經濟陷入衰退或者低速成長的機率會大大增加，甚至已經迫在眉睫。

雖然密西根指數和經濟諮商局指數很相似，但也存在一些差異。密西根數據每月發布兩次，第一份初步數據在每月第二週的週五發布，最終數據則於第四週的週五發布。此外，密西根大學消費者信心指數比較強調家庭的財務、就業和耐久財購置，經濟諮商局消費者信心指數則是著重經濟狀況、就業和家庭收入預期。

所以，當兩者之差擴大時，通常代表景氣轉佳，將促使聯準會開始升息，消費者信心維持高檔，股市呈現多頭格局。兩者之差縮小時，代表多次升息後，耐久財消費逐漸放緩，企業也開始縮減投資與人力需求，消費者信心開始下滑，股市將面臨反轉向下壓力。

第36章

比特幣是真正的貨幣嗎？

談到比特幣，我們要先從一段歷史談起。二〇〇八年九月，華爾街巨頭雷曼兄弟（Lehman Brothers）轟然傾頽，標誌著全球金融危機進入高峰。其實，早在二〇〇七年，美國銀行業者受房地產「次級貸款」影響，就已經顯現出流動性危機的徵兆。

雷曼兄弟破產後，聯準會宣布出手援助保險巨頭美國國際集團（American International Group, Inc.）。財政部長鮑爾森（Hank Paulson）也和聯準會主席柏南克（Ben Bernanke）聯手，全力向市場挹注資金。全球央行同步開啟了印鈔模式，四大央行的總資產從二〇〇二年的二．八兆美元，一路飛奔到現在的二十兆美元，最高的時候接近二十一兆美元。

二〇〇八年十月三十一日，正當各國央行極力救市的當頭，中本聰發布一篇論文，名為《比特幣：點對點電子現金系統》（*Bitcoin: A Peer-to-Peer Electronic Cash System*）。次年一月三日，中本聰挖出比特幣的第一個區塊「創世區塊」（Genesis Block），暗示比特幣是為了應對金融危機而生。

什麼是貨幣？

比特幣是真正的貨幣嗎？我們需要先從貨幣的主流定義和基本功能來分析。學術上，我們認定貨幣有三種基本功能：交易媒介、價值儲存、記帳單位。

交易媒介

最早人們用貝殼或特殊符號，記錄一筆交易的完成，後來演變成使用金、銀等貴金屬，或是銅幣。錢幣成為交易媒介的關鍵，是來自使用者的認同，而這機制的背後也大多有皇權的介入。

價值儲存

相對於一些難以保存的物資，如糧食、家禽、羊群等，當我們透過銷售將物資替換為貨幣後，貨幣能協助我們維持所持有的價值。也因此，貨幣的價值必須穩定。

記帳單位

這應該是貨幣最古老的功能，從兩河流域發掘的石板文獻當中，就已經有一種記帳單位來表明各種商品到底值多少，以及如何進行交換。

從這幾個論點的推論，確實很難說像比特幣這樣的加密資產具備了貨幣的基本特性。除了比特幣歷史中有名的「兩個披薩」（二〇一〇年，一名工程師以一萬比特幣交換到兩個披薩，因比特幣價值水漲船高，造成熱議）事件之外，幾乎沒有消費者真正拿它去購物。價值儲存和記帳單位的功能，也因比特幣價格波動實在太劇烈，幾乎不可能實現。

區塊鏈應用與「分散式帳本」

問題還不僅如此，因比特幣靠的是區塊鏈技術，其作為零售交易的應用時，有個先天缺陷，就是「分散式帳本」。

分散式帳本作為信任機制，針對每一筆交易，系統中所有節點都要記一次帳，都要對數據進行完整的計算和儲存。這就好比世足賽期間，同事們吆喝在辦公室對賭，小李對小王說：「如果法國贏了，我輸你一百。」小王問：「你皮夾有錢嗎？」小李把皮夾翻給小王看，確實有一百元。小王就在他的記帳本上記載：「小李有現金一百元。」且整個辦公室的人也同時要在各自的記帳本寫上：「小李有現金一百元。」

這意味著，如果我們要用區塊鏈技術進行支付行為，交易速度可能會很慢。因此要將比特幣直接作為貨幣一般的交易媒介，仍不太可行。

不過現今，區塊鏈的應用已逐漸擴展到各個領域。例如世界銀行在二〇一八年發行了全球第一個區塊鏈債券，名為「bond-i」，馬爾他政府也啟動了名為「Blockchain Island」的計畫，旨在成為全球區塊鏈的中心。這些都是大型機構與政府善用區塊鏈的成功案例。

在商業方面，零售龍頭沃爾瑪公司（Walmart Inc.）使用區塊鏈技術來追蹤食品供應鏈，提高食品安全。醫療行業則利用區塊鏈確保藥物的溯源，提升藥品的安全與效能。教育界也開始導入區塊鏈技術，用於學歷的認證與查證，保障學歷的公信力。這些都是區塊鏈在各領域中發揮效用的實例，展現了它的廣泛適用性。

比特幣作為一種數位資產

而在現今，比特幣作為區塊鏈技術的一個重要應用是無庸置疑的，並已被廣泛視為一項「資產」。二〇一七年，芝加哥傳統交易所和芝加哥商業交易所就分別推出比特幣期貨，使比特幣得以進入傳統金融市場，並被視為一種新型態的投資資產。也有愈來愈多的金融服務機構開設了比特幣相關的金融產品與服務，如比特幣信託基金、比特幣交易券商、比特幣支付服務等，這些都讓比特幣不再只是虛擬貨幣，而是具有實質金融價值的資產。

談到這裡，比特幣作為一項加密資產的地位，應該可以獲得印證。但比特幣是否有機會成為像黃金一樣的「避險資產」呢？

黃金在幾千年的人類歷史中，有著「最終價值」的意義，不論是作為紙幣發行背後的價值準備，或作為交易的最終支付工具，其地位無可撼動。

即使比特幣具備稀缺性、可攜性、同質性、可分割性、永久性等與黃金相同的特質，但就像哈拉瑞（Yuval Noah Harari）在《人類大歷史》（*Sapiens: A Brief History of Humankind*）中所說，人類特有的「共同想像」是力量的根本泉源。黃金之所以是黃金，正因為人類都相信這個共同想像。那麼從這個角度想，比特幣與黃金的距離還非常遙遠吧。

第37章

為什麼愈打，房價愈高？央行打房的底層邏輯

近幾年，你可能不斷聽到這樣的消息：台灣的總體房屋市場，價格創下新高！因此財經部會紛紛祭出「打房」政策，其中，央行的動作尤其引人注目，頻頻透過「選擇性信用管制」重磅出手。

你可能想問：到底什麼是選擇性信用管制？央行出手的效益在什麼地方？最重要的，是什麼讓房價春風吹又生呢？

什麼是選擇性信用管制？管制效果如何？

選擇性信用管制，是透過對特定的銀行放款業務項目與金額的限制，抑制投機性的資金需求，進而穩定金融。好比針對房屋貸款或建築貸款，當銀行的不動產貸款增幅持續放大，央行便會實施信用管制，好比下修最高貸款成數，避免過多信用資源流向不動產市場，進一步控管金融機構不動產授信風險。

然而，為什麼中央銀行連續的選擇性信用管制成效不如以往？因為根據銀行法第七十二條之二規定，商業銀行辦理住宅建築及企業建築放款的總額，不得超過「存款總餘額及金融債券發售額之和」的三〇％。

簡單來說，為了避免銀行將所有雞蛋都放在同一個籃子，銀行法要求銀行在放款的標的物方面要更多元，不能都放在房地產上。以二〇二四年一月的比例為例，台灣三十五家銀行的住宅房貸與建築融資總額，占存款與金融債券總額的二六．七五％，但放款總額仍逐月攀升。這意味著，即使沒有央行的選擇性信用管制，銀行能夠拿出來放款的額度也很有限了。在占比不增加的情況下，放款總額上升，表示分母（即存款的數字）也在上升，這是怎麼一回事？

台灣央行也在印鈔票？

我想先以美國聯準會的「量化寬鬆」（Quantitative easing，簡稱QE）政策來說明：聯準會是透過買賣美國公債，來調節市場上資金的水位。當要增加市場上的貨幣供給（放水）時，就買進銀行手上的政府債券，釋放美元到經濟體當中。

而在台灣，央行確實沒有實施量化寬鬆，但為了阻止新台幣升值，常常會「拉尾盤」——在尾盤大量買進美元。這個動作會讓交易對手（通常是台灣的銀行業者）收下大量新台幣。換句話說，買進外匯的時候，新台幣其實已經釋放到經濟體當中。

相較於聯準會是主動決定美元的發行量，來決定國內資金寬鬆與緊縮的程度，台灣央行通常是為了阻止新台幣升值而干預外匯市場，進而釋放新台幣，算是一種被動因應。但持續買進外匯、釋放新台幣，等於實施寬鬆的貨幣政策，向市場輸送大量資金，很可能導致利率下降，通膨上升。有鑑於此，央行也會透過發行定期存單，吸收銀行手上多餘的資金，達到回收資金的目的。

然而經由學者統計，央行為了減少定期存單的支出，不會將干預匯率所釋出的新台幣全數回收。換句話說，過去二十年新台幣「阻升不阻貶」的情境，讓國內資金水位不斷上升，利率持續下降。

金融海嘯後十年，平均超額準備金來到四五一億的水準，比十年前大增了將近十倍，寬鬆的貨幣政策營造了低利率的環境，近一步成為推動物價或房價上漲的土壤。這也難怪，分母持續變大，在占比不變的情況下，分子也還可以持續變大。

打房的底層邏輯

其實，不論股市還是房市，只要控管資金的流動速度，或製造人為的成交障礙，就可以讓市場冷靜下來。這是美國國家工程院院士哈里森（J. Michael Harrison）和史丹佛大學商學院的經濟學家兼教授，克雷普斯（David M. Kreps）在一九七八年提出的「大傻瓜理論」。

我們不妨把房地產投資想像成一場「音樂傳球」遊戲：一群人圍一圈，邊唱歌邊傳球，當歌曲結束，球在誰的手上，誰就要上台「獻醜」表演才藝。

這個遊戲的精髓，正是「快速交易」。大傻瓜理論認為，眾人對房地產的價值意見分歧，有人悲觀，有人樂觀，而只要快速將手中的標的轉讓出去，即最後那顆球不落在自己手上，就可能從「更傻」的投資人那裡賺到錢。

如果你認為可以將一個房子以一坪五十萬的價格賣出去，那麼，你現在就願意用一坪四十萬的價格買下這個建案。

這種博傻行為導致的快速交易，會在市場上製造價格泡沫。資金從一個人的口袋轉移到另一個人的口袋，過程中價格不斷膨脹，但對實體經濟並沒有任何效益。眾人之所以「明知山有虎，偏向虎山行」，是希望在資訊不對稱的情況下從別人手中攫取財富。然而那顆球一旦掉在自己手上，就會產生巨大的風險。

只要打斷快速交易的鏈條，泡沫很快會消失。因此在股票市場，我們會看到處置股票需要分盤交易、限制信用交易等。央行的信用管制或稅制的緊箍咒，其實就是要製造人為障礙，打斷房地產快速交易的過程。

這麼做確實可以讓市場明顯降溫，但國內寬鬆的資金環境、低廉的房貸利率，才是房價居高不下的主因，而製造出這個房市溫床的，正是中央銀行自己。

當選擇性信用管制的效用有限，該如何重新思考新台幣的匯率政策，以及央行的貨幣政策，才是根本之道。

第38章 美元指數有什麼重要之處？

我想大多數人第一次接觸到「匯率」，可能都是因為要出國，所以需要兌換外國的貨幣。所謂的匯率，指的就是兩種不同貨幣的交換比率。以日本為例，如果一千元台幣可以換到的日幣變多了，也就是日幣對台幣貶值了，換句話說，台幣變大了。

那麼，如果美國人想知道，美元相對全球其他貨幣是變大了，還是變小了？要怎麼做呢？

全球有一百七十種貨幣，美元可能對某些貨幣變大了，對某些貨幣變小了，這個時候，幫我們封裝一堆複雜資訊的壓縮檔「指數」又出場了。美中貿易戰期間、新冠病毒肆虐的過程中，美元走勢總是成為投資人關注焦點，常常聽到媒體報導「美元指數」（US Dollar Index，簡稱ＤＸＹ），這「指數」與美元有什麼不同？美元的匯率又該如何解讀？

什麼是美元指數？

美元指數首次登場是在一九七三年，當時美元與黃金脫鉤，放棄黃金標準，改為浮動匯率制。美元指數是由美國洲際交易所（Intercontinental Exchange, Inc.，簡稱ICE）計算及公布，用途是衡量美元對一籃子主要貨幣的表現，讓投資者評估美元的相對強弱，並做出投資決策。

美元指數類似於標普五百指數，是由平均美元與六種國際主要外匯的匯率計算得出的。六種主要國際貨幣包含歐元、日圓、英鎊、加幣、瑞典克朗和瑞士法郎，各占比為歐元五七．六％、日圓一三．六％、英鎊一一．九％、加幣九．一％、瑞典克朗四．二％、瑞士法郎三．六％。以一九七三年三月，六種貨幣對美元匯率變化的幾何平均加權值來做計算，以一百為基準。

舉例來說，指數為一〇五，就是相對一九七三年三月，美元的價值上升了五％。當美元指數愈高，代表美元愈強，反之則表示美元較弱。

美元指數涵蓋的六個國家因和美國有深厚的經濟與貿易連結，被認為是衡量美元國際價值的最佳代表。在全球範疇內，美元指數一直被視為觀察全球貨幣市場動態和國際資金流動趨勢的重要工具。

什麼因素會影響美元指數的走勢呢？

影響美元指數走勢的因素有三，首先是美國的基準利率，其次是大宗商品價格，最後則是避險需求。

一個國家的貨幣強弱，與這個國家的基準利率高低有關，這就是所謂的「利率平價理論」，也因此，當美國利率下跌，美元的走勢就疲軟；美國利率上升，美元走勢就會轉強。

影響聯準會升息或是降息的主要理由有兩個，一是通貨膨脹率，二是就業數據。這一連串傳導的過程是這樣：當通膨數據上升或就業數據上升，聯準會可能升息，導致美元走強；當通膨數據下降、就業數據變差，聯準會可能降息，導致美元走弱。

其次，國際商品市場大多以美元計價，商品價格與美元指數形成比較明顯的負相關。這是怎麼回事呢？比如沙烏地阿拉伯每天產出一百萬桶原油，美元與沙烏地阿拉伯里亞爾的匯率約是一美元兌換四里亞爾。假設目前油價是每桶五十美元，沙烏地阿拉伯的國王每天可以收入兩億里亞爾。但如果美元走弱，一美元只能換三里亞爾，里亞爾變大了。這時候王國算算，每天的收入變成一．五億里亞爾，差距也太大了，因此就會促使油價上漲到每桶六十五美元，讓收回來的里亞爾金額保持在類似水準。這也是為什麼商品價格走勢與美元呈現反向關係。

最後，是避險的需求。美元依然是全球央行在處理外匯存底時最屬意的貨幣，國際貨幣基金組織估計，全球外匯存底中，美元比重達六二%，其次才是歐元的二〇%，及日圓的六%。美元也在國際貿易、商品交易以及外匯交易中有絕對優勢的地位，國際結算銀行估計，美元在全球外匯市場的交易量是歐元的三倍、日圓的五倍以上。此外，在目前金融市場當中，各種衍生性商品如果需要擔保品，都會是以美債或是美元為擔保，因此當市場發生劇烈波動時，投資機構為了彌補保證金的缺口，也會在市場上瘋搶美元。

美元指數大漲，市場有風險？

歷史上有幾次「美元指數大漲」，經常被視為「市場風險增加」的先兆。然而，這樣的推論，依照現在金融環境的複雜程度，可能過於簡化了。我們來看兩個例子：

一九九五至一九九七年美元指數大漲，股市前途光明，但美元連續性的上揚，對於新興國家的債務負擔造成嚴重打擊，加上外匯存底不足以穩定匯率，以至於爆發亞洲金融風暴。

同樣的現象發生在二〇〇八至二〇〇九年，股市受到金融海嘯而大跌，這段時期的美元指數上揚，更多是為了回補各種房貸衍生性商品的保證金，美元流動性不足所導致。在市場急需美元的情況下，導致美元上漲。

如果市場爆發風險是結果，那美元指數上漲可能也是結果，如此一來，導致美元指數上漲的原因在哪呢？

環環相扣的金融環境，如果要討論一個金融現象，可能有如福爾摩斯（Sherlock Holmes）探案一樣複雜。更令人匪夷所思的是，美國這個負債累累的國家，人們還是拿美元當避險工具，這不是很奇怪嗎？

PART 5

投資的思考

時間，是你最大的資產。
但若把這個機會成本無限大的優質資產
拿來投資的時候，
你會選什麼？又該怎麼選？

第39章
避險？風險？可以買南非幣計價的基金嗎？

為什麼台灣人喜歡購買南非幣計價的基金呢？其實說穿了，就是配息高。二〇一三年，第一家引進台灣的南非幣計價的基金是路博邁旗下的高收益債券基金，在當時市場沒有同類型的產品的情況下，短短幾個月之內，它的規模就迅速擴大，是當時銀行非常熱賣的一個商品。

但事過境遷，我們應該回頭想想，到底是什麼樣的人在買南非幣計價基金？這樣的產品真的適合放在通路上，讓完全沒有匯率概念的投資人來購買嗎？我認為不論是業務同仁，或者是投資者，都應該要仔細想清楚。

為什麼台灣人愛買南非幣計價的基金？

除了配息以外，其實台灣擁有全世界數一數二高的南非幣庫存。這可追溯到我們與南非的外交關係。雖然在一九九八年正式終止了邦交，然而不可否認，在一九八〇年代，南非其實是台灣非常重要的貿易夥伴。

我們可以從幾個數字當中略知一二，比如當時南非出口到台灣的金屬礦物，就占其整體出口的七成，台灣出口到南非的紡織品與機械設備，也占了南非進口的兩成以上，再加上當時台灣以農耕隊、工程隊在非洲進行經貿與外交關係，所以在台灣的銀行，可以買到南非幣。二〇一三年正式有基金可以交易之前，大部分的台灣投資人都是以持有南非幣的存款為主。

有這麼高的存款規模，基金公司發行南非幣計價的標的，就有其正當性了。主要的訴求，就是客戶原本的南非幣存款可以有一些活化的效果。然而，南非幣的存款利率雖然較高，但其匯率走勢一直都不是很好。尤其二〇〇八年金融海嘯時，南非幣曾經有一波的貶值。

從技術型態方面來分析，很容易會覺得二〇〇八年的底部會是一個支撐，但可惜的是，南非幣的匯率走勢不如預期，即使二〇一三到二〇一四年有過短暫升值，南非幣在二〇一四年後仍迎來相當大的貶值，也造成投資人很大的損失。

那到底為什麼，南非幣避險的基金可以拿到比較高的利息呢？

南非幣避險基金，是避誰的險？

基本上，雖然基金的計價幣別是南非幣，但是基金所持有的標的，其實都是美元計價的債券。假設基金公司收了你一萬元的南非幣之後，會轉手向一家外匯的交易券商簽訂一個利差交易的合約，這個合約會把南非幣兌換成美元，同時約好在一個月之後，以一定的匯率，再換回一萬元的南非幣。

這個過程當中，由於南非幣的利息比較高，美元的利息比較低，所以持有美元的一方，需要再將南非幣和美元的利差補給持有南非幣的一方。舉例來說，如果美元定存的利率是一％，南非幣定存的利率是六％，中間的利差就有五％，所以持有南非幣避險的基金，相較於美元計價的基金，它的配息金額就會高出五％。

值得留意的是，整個利差的交易，並非簽訂一整年，而是每月簽訂，所以實際交易上，每個月南非幣與美元的利差並不會固定都是五％，而是會波動的。換句話說，當利差比較低，而基金公司同樣配給你多五％的利差時，這個多出來的部分，就是從你的本金支出的。

我相信有很多的購買南非幣計價基金的投資，並不知道其風險有多大。尤其是使用台幣來投資的投資人，其實現在來看，風險是遠大於當時的想像。當南非幣貶值的幅度增加，就算每年有較高額的利息，其實也很難彌補本金帳面上的虧損。所謂「南非幣避險」，其實是針對基金公司本身操作而言，並不是針對投資人。

一直到今天，仍有很多理財新鮮人在問南非幣計價的基金能不能買？我想明白地說，千萬不要再碰了。因為匯率操作的難度，其實遠遠高於股票，也高於一般的債券型基金。

我們需要想清楚，自己到底為什麼要買債券型基金？通常是為了比較保守的風險考量。可是如果用南非幣避險的這個產品來操作的話，可能暴露在一個更大的風險當中，也就是南非幣兌美元的匯率。而這個風險，可能比股票波動還要大。

第40章

投資債券基金，一定要了解的兩件事

很多人認為投資債券基金很簡單——丟著就好了。其實這錯得離譜。若要認真研究債券基金，甚至比股票型基金還難，「鋩角」很多。而最基本的，是要先了解「存續期間」與「收益率」。

存續期間，最早是一九三八年由麥考利（Frederick Macaulay）提出，現多用於衡量一支債券平均多長時間能回收所有的現金流。但當時麥考利提出存續期間的概念，並不是為了計算債券價格與收益率的敏感度，而是為了衡量所有現金流的加權期限。

什麼是存續期間？

存續期間，指的是收益率每變動一個基點（Basis Point，簡稱ＢＰ），債券價格變動的百分比。對於任何一支債券，收益率變動一個或幾個基點，都能迅速知道對應價格的變化，從而粗略計算出投資部位的損益變化。

一個基點等於〇．〇一％。公式為：

$$\frac{\Delta p}{p}=-D\cdot\Delta y$$

債券價格與收益率變動呈現反向關係（收益率上升時，債券價格下跌），如果照公式，存續期間應該是個負值。但市場約定俗成，不說正負號，直接當成一個正數，大家心裡知道就行了。

比較常用的存續期間，指的是「修正存續期間」，能夠表示債券價格變動百分比對收益率的變化，也能快速計算可能的影響。

修正存續期間還有一個重要的假設，即未來現金流量不會隨收益率變化而變化。對於固定利率債券比較沒有影響，但如果是浮動利率債券，比如資產擔保證券（簡稱ＡＢＳ），這個假設就不成立了，要另外使用「有效存續期間」，不過多數基金月報並不會揭露這個訊息。

債券價格與收益率成反向關係

債券收益率，是由無違約風險債券（一般指美國國債）的收益率，加上有違約風險債券（通常為信用債券）的「風險溢酬」組成。所謂的風險溢酬，也稱「利差」或「信用利差」。使用利差擴大或縮窄來計算可能的資本利得或損失，就可以同時考量無風險債券收益率的變化，會是一個更適合的選擇。

我們可以先用一個較不精確的方式，來理解債券價格變動的概念。

以摩根環球高收益債券為例，這檔高收益債券的存續期間是三．八七年。還有一個重要關鍵：摩根環球高收益債券即便稱為「環球高收益」，但其實「美國高收益」（即無違約風險債券）的部位高達九四％，基本上可當它是一檔美國高收益債券。

二〇二〇年三月二十三日，美國高收益債券指數的利差來到一〇八七點。假設這時我以一五一．九四美元買進，當利差收斂到七百點時，此債券基金會漲多少？以存續期間乘上利差收斂約三百點（即三％），估計報酬率將會是一一．六一％（3.87×3%）。

實際結果如何？以五月十二日，高收益債指數利差是七四二點（即收斂略小於三百點）來看：當日基金報價是一七五．六八，漲幅為一五．六二％。由此可見，摩根環球高收益債券的投資組合績效是非常突出的。

當然，這裡存在著計算的誤差，也包含短時間內收益率大幅變化。此外，我們計算債券價格波動，還要考慮「凸性」。

為什麼會有「凸性」呢？我們知道債券價格愈高，收益率愈低，如果橫軸是收益率，縱軸是債券價格，那這條線就是一條從左上到右下的直線，但實際上，債券價格與收益率的關係並非直線，而是一條凸向原點的曲線。因此，當短時間內收益率有大幅度變化時，用存續期間線性地計算債券價格變動，誤差就比較大了。

債券利差的觀察重點

如果想知道現在高收益債券的價格是貴或便宜，利差也是一個好用的工具。

當景氣下滑或是衰退之際，國債與非國債之間的信用利差會變寬。景氣擴張時，利差則會收窄。如果用經濟學上的理由來解釋，是因為經濟萎縮時，企業收入或現金流都會下降，此時企業債券發行人很難履行償還債務的合約。為了吸引投資人持有非國債，相對於國債的收益率利差必須擴大。相反的，當經濟擴張，企業收益與現金流回暖，公司發行人履行債務合約的可能性愈來愈強。既然違約的機率不高，也就不需要提供太高的收益率。

當利差低於五年平均值的時候，表示現在的高收益債券投資是比較疲弱的，只能收收利息，而且萬一景氣方向反轉，還有虧錢的可能性。

但倒過來說，像二〇二〇年三月利差擴大到一千點，是歷史上少見的狀況，確實是有投資價值的。但未來利差是否會持續擴大到兩千點，那是另一個問題，必須看實際的情境來判斷了。

第41章

債券基金的報酬與風險

多數人普遍很難找到免費的資源做債券基金的研究，我常用摩根的「市場洞察」（Guide to the Markets）網站來搜集資料。亞洲版含括了亞洲主要國家及全球主要國家的基本面數據，會定期更新經濟數據及固定收益類的數據，每季的圖表報告也以相同的型態展示，甚至連顏色都是不變的，因此，我們可以很簡單地拿過去幾季的資料來驗證或比較。即使是三個月才更新一次的利差數據，對於做債券的投資人來說，一季看上一眼，也足夠了。

更進一步，我們再來談談存續期間與收益率對於各類型債券的影響，以及債券基金的報酬與風險。

各類型債券指數的存續期間與利率敏感度

上一章提到，存續期間的定義是：收益率每變動一個基點，債券價格變動的百分比。我們可先想像，存續期間就像翹翹板，一側有兩個座位，其中一個座位距離翹翹板中心點較近，另一個座位距離中心點較遠。當翹翹板上下擺動的時候，坐在哪個位子的小朋友擺動幅度更大？答案是：比較遠的那個小朋友。

我們也知道，利用存續期間可以預估不同債券對利率變動的敏感程度。那麼，假設聯準會降息一百個基點（即一％），此時坐在不同位置的各個債券，價格變化會是如何呢？

美國高收益債券的存續期間，大致在三至四年，當聯準會降息一％，高收益債的價格反應大約是漲四％；再看新興市場美元債券，其存續期間是七至八年，當聯準會降息一％，其價格反應就是會漲八％。相反的，如果聯準會升息一％，美國高收益債券將會跌四％，新興市場美元債券的反應則會更激烈地跌八％。

這可能回答了多數人的疑惑，為什麼市場不好的時候，新興市場債券跌幅會大於垃圾等級的高收益債券？這就是「存續期間」翹翹板惹的禍。當對面的小朋友突然從翹翹板上跳開，這一邊坐後面的那個小朋友，就會被重重摔到地上。

解讀債券利差

你可能會好奇，以聯準會降息為例，聽起來是像是無風險利率下降，那利差不就擴大了嗎？利差擴大，債券價格不就跌了嗎？答案是：這發生的機率不高！

前一章提過：債券收益率，是由無違約風險債券（一般指美國國債）的收益率，加上有違約風險的債券的風險溢酬組成。當無風險利率下降，風險溢酬不變，那就是有風險的債券（此指信用債券）的報酬率也跟著下降了。因此，信用債券還是會跟著降息而受惠。除非聯準會是無預警降息，投資人擔心景氣突然惡化，違約風險上升，才會導致利差擴大。

化繁為簡的思考

前面我們反覆提到收益率，又講到降息、升息，更明白了「債券價格與收益率成反向關係」。事實上，你可能聽到更多的是「殖利率」、「市場利率」、「到期殖利率」、「報酬率」等，這些又是什麼？

學理上可能還有一點點差異，但對散戶投資來說，其實這些都不太重要，就把殖利率、市場利率、到期殖利率、報酬率一統江湖，全部認知為收益率即可。在各家基金公司的月報當中都有揭露的「到期殖利率」，其實就是收益率。

以五年期高收益債券為例，在月報中看到的到期殖利率數字如是七至八%，這幾乎可以代表，你買進並持有滿五年，到時候回頭看這五年的年化報酬率，就是七至八%。畢竟債券的基本假設就是，如果債券沒有違約，持有到到期，債券的價格就會回到面額。

因此，持有一籃子的債券，雖然基金經理人會不斷買進或賣出債券，但如果債券都沒有違約，你就可以拿現在看到的「到期殖利率」乘以年期。就是你持有年期的總報酬。且大多數高收益債券基金的持債數量都超過一千多支，就算違約個十支，其實也不大有影響。

補充「票面利率」與「配息率」

除非是去銀行的信託帳戶買「海外債券」，否則大概一輩子都不會看到債券的票面利率，票面利率與債券基金投資，其實是比較沒關係的。

配息率則是多數人都很關心的，許多人聽到配息無敵高，可能就買了，沒有想到

「天下沒有白吃的午餐」——配息高就代表有相對應的風險。

觀察配息來源是否來自本金，各基金公司都有「配息組成」這個頁面可以查訊，另外，也可以簡單觀察基金的到期殖利率與配息率等兩個數字。如果到期殖利率大於配息率就安全一點，若是相反的狀況，那就代表這支基金配本金的機會很高囉！

第42章

景氣燈號亮紅燈，立刻賣可能會賣太早？

前行政院長蘇貞昌曾在臉書分享「景氣燈號折線圖」，大讚全球疫情期間台灣「景氣強強滾，接連亮紅燈」，經濟正常運作。這是紅燈的原因嗎？也有很多人擔心，亮紅燈是否代表該出清股票了？

什麼是景氣對策燈號？

台灣國家發展委員會公布的景氣對策信號，是透過五種不同顏色的燈號作為景氣狀況的指標。每個月的亮燈顏色由貨幣總計數M1B變動率、股價指數、工業生產指數等九項指標決定。當對策信號亮出「綠燈」，表示當前景氣穩定；「紅燈」表示景氣熱絡；「藍燈」表示景氣低迷。至於「黃紅燈」及「黃藍燈」二者都屬於注意性燈號，需要密切觀察後續景氣是否轉向。

二〇二一年三月亮出的景氣紅燈，其實已是該年的第二顆紅燈。二月的景氣對策信號，綜合判斷分數達到四十分，創三十一年以來新高，是自二〇一〇年八月以來，景氣對策信號再現紅燈。

國發會的官員表示，紅燈背後反映的動能是對於去年基期低的反彈，目前並無過熱的問題。由於統計上數據，都是以當期的數據較去年同期變動比例（Year on Year，簡稱 YoY）為基準。例如，某指數今年三月數值為一一五，去年同期為一百，那麼這個指數的 YoY 就是十五%。

過去二十年，紅燈出現在二〇〇四年五月、二〇一〇年一月，以及二〇二一年二月，對比去年同期時間後，會發現分別為二〇〇三年的SARS期間、二〇〇九年一月的金融海嘯，以及二〇二〇年二月的新冠疫情起點。可見景氣亮紅燈，未必表示國內景氣過熱，而更多是低基期的反應。

景氣燈號投資法

那麼，景氣燈號與股市連動效果究竟如何？可以看著燈號來進出場嗎？台股達人股魚認為，可以將景氣藍燈、紅燈視為一個景氣循環，出現藍燈時，為景氣循環的相對低點，黃紅燈為相對高點。

股魚表示，他買元大台灣50時，一直謹守著「出現藍燈買進，出現黃紅燈賣出」的原則。出現連續兩個藍燈的隔天，就會把要買ETF的資金以「五三二」的方式投入（連續出現兩個藍燈的隔天先投入五〇%，下個月若繼續出現藍燈，再投三〇%，若再下個月又開藍燈，就把所有資金都投入）。

相反的，如果景氣燈號出現黃紅燈，就賣掉五〇%的ETF，若下個月再出現黃紅燈，就把全部的ETF賣掉。買賣的原則是：買的時候要慢一點，賣的時候要快一點。

怪老子在其文中也做過回測，二〇〇七到二〇一〇年，景氣燈號與元大台灣50兩者之間的相關性非常高，幾乎是同步走勢，這大概是當年景氣燈號投資方法火紅的原因。可若再往前看，二〇〇三至二〇〇七年就不是那麼一回事了。景氣分數已經歷兩循環，元大台灣50卻沒有，在這時期，兩者之間並無太大關連。

另一位台股專家闕又上也改良了景氣燈號法，他認為最好的方式就是黃藍燈的時候買股票，並分批十個月進場，一遇到黃紅燈時，連續三個月出場。用此方法自一九九五年操作到現在，報酬率是十一倍以上。

紅燈

事實上，自一九九七年五月以來的燈號資料可以發現，紅燈非常少見，因此以紅燈當作賣股的訊號，不太現實。加上景氣燈號公布的時間是每月的月底，且公布的時間有遲延（通常二月底才能看到一月的燈號）。二〇〇四年的紅燈與二〇一〇年的紅燈之後，股價並沒有明顯回落，反而是震盪走高。二〇二一年二月開始的紅燈，一直到十月才結束，在這段期間，台股大方向是上漲的。綜觀歷史，紅燈賣股顯然不是一個好選擇。

那麼連續兩、三個月的黃紅燈賣股呢？在二〇〇三年十二月至二〇〇四年一月，以及二〇〇七年九月至十月賣股的時機表現較好，二〇一〇年則賣在相對低點，而二〇〇〇年只有一月為黃紅燈，隨後爆發網際網路泡沫，並沒有完全躲過。

如果說連續兩、三個月黃紅燈賣股回測的績效表現好，原因最多是由二〇〇八年的金融海嘯所貢獻，其他賣出時機並不突出。

藍燈

紅燈、黃紅燈賣股的時機不突出，那麼黃藍燈或藍燈買股的時機會好些嗎？結論是二〇一〇年以後兩著的相關性並不大，不論是二〇一一年十一月開始的連十藍燈，還是二〇一五年六月開始的連十藍燈，都沒有明顯的下跌。二〇一八年九月開始的連十四黃藍燈，股價也是愈走愈高。

到底是什麼時期，讓投資人感覺黃藍燈買股會買到低點呢？其實只有二〇〇三年SARS期間，以及二〇〇八年七月金融海嘯來臨前夕。事實上，經歷了這麼多次的黑天鵝與不確定的金融事件，我們應該逐漸知道，在金融市場恐慌的時候，便可以開始留意市場回溫的跡象。或許不急著搶進，等待大盤落底之後，再逐漸分批布局。而有沒有燈號，看起來也沒有多大的差別。

黃紅燈

唯一需要留意的，是黃紅燈轉綠燈的時刻。最近的一次是二〇二二年三月。二〇〇〇年以來歷史上五次轉綠燈，只有一次後續沒有出現二〇%以上的跌幅可以讓投資人逢低進場，那是二〇〇四年。當時聯準會的利率還在低檔，正準備開始升息。除此之外，聯準會停止升息（二〇〇〇年），或維持低利率（二〇一一年），或降息（二〇〇七年），都有進場的機會。就這個角度看，其實聯準會的利率政策影響更大。

景氣週期給我們的啟示

關於景氣週期，巴菲特有自己的一番見解：「老實說，我從未關注經濟學家說了什麼，」他說：「想想看，這麼多智商一六〇的經濟學家窮盡畢生功力研究，但有哪位經濟學家從股票賺到大錢嗎？沒有。」

確實，單純依靠一個加工過後的燈號想要判斷景氣的位置，甚至推估股價是否偏高，應該是太樂觀了，這件事情並不容易做到。而出版《景氣循環投資》一書的財經作家，愛榭克也說：「景氣循環週期運行有其脈絡，四階段為順向按部就班出現，不會跳躍、逆行或略過。」（關於景氣循環的介紹，請見本書第49章）

事實上，不論是景氣擴張或是收縮階段，市場有太多分析，各自帶有不同的預設立場，認為成長或衰退應該具備怎樣的樣貌，而這些都是多餘的。景氣在不同階段的運行並沒有一套既定的公式，還是要依靠客觀的數據，從數字中找尋蛛絲馬跡。

總結來看，投資成功該同時考慮兩個關鍵要素：

一、**景氣週期**

根據自己對主要週期定位的分析，判斷週期目前所在位置及未來趨勢，決定對投資組合的風險定位。即是否要承擔更多買入而出錯的風險？還是承受不買而錯過的風險？或在兩者之間保持平衡？

二、**資產選擇**

決定要配置哪些市場、市場利基、具體標的或資產，以及配置的方式。即是要直接單筆投資？還是定期定額？

時機點的判斷並不是唯一，決定要配置什麼資產，以及如何進場，其實對你的投資績效影響更大。

第43章

季節效應真的存在嗎？

聽過端午節變盤嗎？星期一股票比較容易跌嗎？

台灣股市過去以來就存在著元宵變盤、端午變盤或中秋變盤的說法。這當然是配合一年四季節氣運行，股民們觀察出來的結果。實際統計真的是如此嗎？

從統計的結果上觀察，在重要的節氣變化時，上漲與下跌的機率其實差不多，但如果是下跌，跌幅通常大於漲幅。這是因為我們先天傾向趨避風險，對下跌的反應遠大於上漲，才會強化了「變盤」的效應。

無獨有偶，在美股方面，我們也聽過：「Buy in October, sell in May.」又叫「季節效應」。到底是什麼因素導致這種奇妙效應？又該以怎樣的眼光來理解這種效應呢？

什麼是季節效應?

經濟學家們經常談論季節效應，這是指每年同一時間都會出現的一種規律。假如冬天有讓便利超商熱飲銷量上漲的因素，那麼這些因素在夏季也許就不會有預期的效果。還有一些規律可能因多數上班族的上下班習慣或連續假期，導致只在一週中的某一天才會出現。

股民們老早就觀察出，股票價格每年在特定的時段會出現一些獨特的季節模式。大多會在春天上漲，在第二季度末下跌（即端午變盤），在夏天反彈，在秋天回落（中秋變盤）。從科學角度來說，氣候的確會影響經濟活動和投資人的心態，除此之外，金融活動本身也會呈現出一些季節模式。例如五月報完稅，六月賣股繳稅，七至九月是發放股利的除權除息旺季，年底聖誕期間是零售銷售的旺季等。

在美股方面，十月買入的股票，如果持有三到六個月，上漲的機率通常較高。常見的狀況是，當年表現最糟糕的六個月已經過去。假設身處在空頭市場，十月分是低點出現最多的月分。換句話說，從十一月到次年一月往往是股市一年中表現最好的時期。一年的最後五個交易日，和新一年的前兩個交易日，經常出現所謂的「聖誕老人紅包行情」。但相反的，如果這段時期表現不佳，可能代表大事不妙。例如一九六八年、一九八一年、二〇〇〇年和二〇〇八年，緊隨其後的都是空頭市場。

台股元旦開紅盤，統計上單日上漲機率高達七成，但在開紅盤之後，整個元月的行情未必能維持這麼高的上漲機率，整個一月上漲的機率大約只有三成，而且漲少跌多，平均報酬率是負的。相較於台股幾乎不存在「元月行情」，美股的元月就呈現了比較明確的上漲型態，上漲機率超過六成。

每年五到十月，是美股收益紀錄最差的月分。「sell in May」有統計學上的意義。當然，這不表示每年五到十月都會虧錢，也不是說每年十一月至次年四月都會賺錢，但確實在每年十月以後，市場做多的氣氛比較濃厚。

星期也有效應？

除了季節效應，股市還存在著星期效應，例如常常聽到的「黑色星期一」。黑色星期一效應首次出現在一九二九至一九三二年的股市大崩盤時期。在投資市場的下跌行情中，壞消息通常發生在週末，即週六至週一收盤期間。然而對於這種星期效應，目前還沒有被廣泛認可的合理解釋。

奇妙的是，在一九九六年以後，台股也存在顯著的星期一效應，而且集中在第三及第四個星期一，並未呈現均勻分布的現象。學者認為散戶在平常工作日較忙，蒐集資訊的機會成本較高，因此工作日時會採用券商的投資建議。但券商的投資建議往往買賣不對稱，因此一旦散戶在假日蒐集資訊，發現券商的投資建議不當，會立即在星期一賣出，而造成了星期一效應。

所謂的總統週期

二〇二四年也是美國的總統選舉年，總統週期也是一個有趣的現象。如同總統任期，我們可以將這四年劃分為四個不同的時期。

第一年，總統多半「上任三把火」，以便為隨後即將來臨的地方選舉做準備。戰爭也傾向在任期的前半段發動。川普（Donald Trump）在二〇一七年下令突襲敘利亞中部一座空軍基地，發射巡弋飛彈。歐巴馬（Barack Obama）增兵阿富汗發生在二〇〇九年十二月，距離他就任總統還不到一年。

總統週期的第一年也包含了經濟陣痛和壓力，通常對股票價格構成拖累。統計一八三三至二〇一一年，總統週期的後兩年市場獲利七二四％，相比之下，總統週期的前兩年獲利只有二七三．一％。

到目前為止，總統週期的第三年行情是最好的。除了一九三九年，第二次世界大戰爆發，道瓊工業指數下跌了三個百分點。統計也顯示，從期中選舉年末到選舉年前的最後一個季度，是美股股市表現最強的時期。

總結來說，如果我們知道事件發生的順序，就能幫助我們把握事件發生的原因。但想更有效地運用原因，我們需要知道的可不只是事件順序，更要知道某個關係是否只在有些情況下成立，還要知道原因和結果之間的時間間隔。或許這能幫助你在不同的時間點，做出更好的投資決策。

第44章

風險與不確定性的差異

我曾看過一個台灣的綜藝節目：經過幾輪比賽，最後的優勝者有兩個選擇，可以決定獎金多寡。當過關斬將的優勝者來到最後獎金的階段，主持人會問：「下次要不要繼續來挑戰？」如果接受，就有機會拿走十萬元獎金，但如果下次衛冕失敗，就什麼也沒有。

可能得到十萬元，或是什麼也得不到，平均值是五萬元。而在那個當下，優勝者還有一個選擇，是直接拿走三萬元，結束這回合。

坐在家裡收看節目，可能有人會說：「傻了嗎？有三萬還不趕緊拿？」也有人認為「應該賭一把」。其實，這些說法正好反映了面對風險的不同態度。

風險與不確定性一樣嗎？

不確定性和風險常被交互使用，但嚴格來說並非同樣的概念。美國《韋氏字典》（*Webster's Dictionary*）對不確定性的定義是：不可預測、不能肯定的特點或狀態。比如拋硬幣、擲骰子都不可能準確預知結果，即使是物理學家，也不得不承認原子或分子的行為是無法確定的。我們無法否認：不確定性根本上是宇宙萬物的一種客觀特徵。

不過，風險可就不同了。《韋氏字典》對「風險」的定義是：損失或傷害的可能性。具體而言，是人們的主觀感受。舉例來說，台積電的股價起伏波動、反覆無常，這種客觀事實是不確定性，而如果問台積電股價明天是否有下跌的風險呢？對手上沒有台積電股票的我來說，我沒有這個風險。從另一個角度看，唯有台積電股價上漲，我才可能會因沒進場而產生損失，因此，我的風險是台積電股價上漲，而非下跌。

你或許聽過「我用我最後的一美元與你打賭」的說法，這種說法遠比「我從一百萬美元財產中拿出一美元來與你打賭」更有說服力。一個人之所以會這樣說，是因他對這一件事情有足夠的信心，願意用全部資產為這件事情的結果下賭注。即使賭注都是一美元，且也都會面臨風險，但展現出兩種截然不同的風險態度。

我們知道了不確定性是一種客觀的事實，而風險則是因為對象不同，是一種主觀的體認。因此，我們要試圖去管理的是風險，而非不確定性。

報酬有可能常態分布嗎？

每一個人的身高都不一樣，具備客觀的不確定性。以學生的身高為例，我們通常會用機率分布來想像集合在一起的這群人的身高狀態，也就是無論統計哪一個學校學生的各別身高，差不多會得到類似的結果：身高中等的人數最多，特別矮和特別高的人都很少。如果把這個分布結果以線圖來表示，會畫出中間高、兩邊低的「鐘形」曲線。正中間的數值為所有人的平均身高。這就是所謂的「常態分布」。

將人的身高或是智商的不確定性以「常態分布」來描述，爭議不大。但如果要用這個工具管理投資的「風險」，就會產生爭議。

這是因為，投資市場的報酬率並非常態分布，我們只是「假設」投資市場的報酬率是常態分布。這個說法就好像古典經濟學當中說「經濟人」是完全理性的，可以得到完整的市場資訊，並且迅速地對資訊作出充分反應一樣，不切實際。

不過，常態分布可能是我們現在少數能用的工具，即使不切實際，還是得用。因此，我們必須談談那個大家都聽過，但又不太熟悉的「標準差」。

我在實際授課的過程中，發現多數投資人對標準差的數字是無感的，但對價格上上下下的漲跌幅有感。首先，你可以直覺地想成股價每天上漲下跌的幅度在〇．五％以內，如週一指數為正〇．五％，週二為〇％，週三為負〇．五％，這個情境的年化

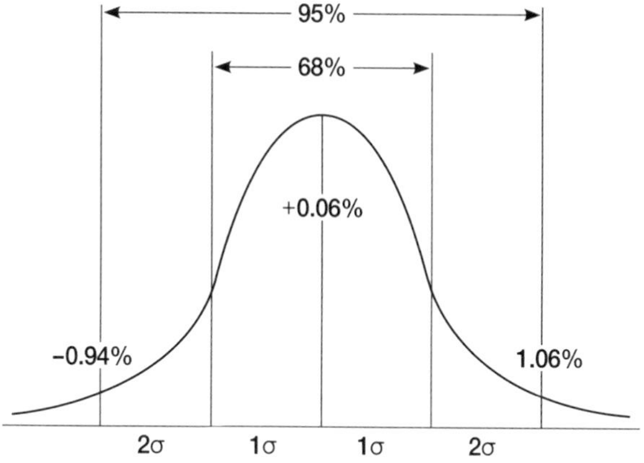

標準差就是八％。在台股市場上，實際記錄元大台灣高息低波（00713）、國泰股利精選30（00701）等低波動ETF每天的價格漲跌幅度，其年化標準差就是八％。所以假設你聽到一個產品的年化標準差是八％，這個數字便能讓你有直覺的聯想——與低波動ETF相當，每日價格上漲與下跌的幅度在正負〇・五％之間。

再者，你可能會看到諸如：一段時間報酬率的分布在平均報酬率上下一個標準差範圍內的機率是六八％，在兩個標準差的機率則有九五％。這是什麼意思？假設一段時間的元大台灣高息低波日平均報酬率為〇・〇六％，則代表其每天價格變動在〇・五六％到負〇・四四％的機率有六八％，在一・〇六的到負〇・九四％的機率是九五％（如上圖）。通常較有經驗的投資人在選擇投資商品時，也會依據「標準差」作為評估風險的標準。

第45章

如何看待「永續投資」？

自二〇二〇年開始，以環境保護（Environmental）、社會責任（Social）、公司治理（Governance）三項指標，又簡稱為ＥＳＧ的永續投資概念，在國內的投資市場已經逐漸擴展一個不能忽視的投資選項。主要的原因就是疫情危機造成人們在健康、經濟，甚至日常生活方面的衝擊，也促使我們重新檢視起過去的生活方式。

對於政府，企業和投資者來說，一個最基本但又最難解決的難題，就是在未來面對類似的這樣全面性的風險，如何增加更多彈性，以及為將來的危機做準備。也因此ＥＳＧ永續投資，其實牽涉了環境的永續以及企業的永續兩個面向。

永續投資報告揭露的事實

二〇二〇年，貝萊德（BlackRock）永續投資報告在台灣調查的數據，顯示了一些有趣的結論：九一%的台灣受訪者希望他們的投資能為世界帶來正面影響，七〇%的台灣受訪者認為ESG投資具吸引力。然而同時，也有六二%的台灣人認為永續投資得負擔較高成本，如企業花費更多資金在環保或公益活動上、同時有四三%的民眾認為會因此犧牲報酬。

最新的證據顯示，永續投資並不會因此犧牲投資收益，相反的，在市場動盪與經濟不確定的過程當中，ESG永續投資還具備了比一般投資更好的復原力。

數據顯示，除了在新冠疫情期間，九四%的永續投資指標超越大盤，在其他市場出現下跌情況時，永續投資同樣抗跌，例如二〇一八年九月至十二月，聯準會升息的期間，七五%的永續投資指標超越大盤；二〇一五年六月，油價及新興市場下跌過程中，七八%的永續投資指標也超越大盤。

如果把眼光投向一般共同基金市場，貝萊德分析了六七五九檔共同基金在二〇二〇年第一季的表現發現，在晨星公司（Morningstar, Inc.）的永續投資評分中得分最高前一〇%基金的表現明顯優於得分最低的後一〇%。從二〇二〇年第一季度投資報酬來看，永續指標排名前一〇%的基金都在同類型基金績效的前二分之一。相反的，在永續指標排名倒數後一〇%的基金也往往在績效方面表現倒數。

ESG企業獲利更好的真正原因

不論是看大盤還是看共同基金，永續投資似乎都能提供更好的績效，但原因到底是什麼？貝萊德的研究報告列舉了十五個評鑑項目，比如對於客戶個人資料的保護，是否有外流的風險，導致賠償問題；或對於人力資源的管理，能否有效育才、留才，提升員工的工作滿意度。換句話說，永續投資的企業之所以能有較好的績效表現，可以粗淺地歸結為「管理」與「治理」的區別。

管理與治理，有什麼差別呢？在股東眼中，企業組織無非是賺錢工具，主要的兩個任務，分別是利潤，以及成長。公司的管理，其實就是想盡辦法在現有的資源體系之下，盡可能地吃下更多的業績，長出更多的利潤。

吃下太多的業績，導致體內毒素累積。治理，便是透過調整資源配置，將毒素逼出體外的過程。如果我們仔細去觀察企業的生命週期會發現，企業很少是餓死的，大多都是撐死的。因為疏忽了公司的治理，吃進來的就全都是毒素，只要市場環境發生變化，馬上就會出事。

其實國內的ETF市場，從二〇一七年開始有了公司治理ETF的投資選項，也就是富邦公司治理（00692）ETF，追蹤證交所發行的「台灣公司治理一百指數」，精選通過公司治理評鑑的前二〇％企業，作為成分股主要篩選條件，再加入流動性、財務成長指標等條件，篩選出一百檔成分股。此評選指標包含維護股東權益、平等對待股東、強化董事會結構與運作、提升資訊透明度，以及落實企業社會責任等。

投資人目前大多把永續投資當作是一個環保議題，不大認為有實際的投資效益。然而隨著愈來愈多的證據顯示，當一個企業能夠促進包容多元，建立公平友善的職場環境，同時強化公司治理，確保投資人權益，追求永續的成長，才能照顧所有利害關係人的利益。這也才是企業能夠「基業長青」的關鍵核心。

第46章 金融創新的核心：資產證券化

十八世紀，普魯士歷經七年之戰，打敗法國、俄國等歐洲強權，成為新興王國。然而戰爭的開銷巨大，軍隊把耕地變成了戰場，東普魯士貴族少了收入，一時間債台高築，甚至危及普魯士王室。此時，有一位柏林商人發明了一套將貴族土地價值貨幣化的計畫。

為了緩解危機，腓特烈大帝（Friedrich II）同意了這個計畫——用土地做抵押發債，這就是最早的「擔保債券」（Covered Bonds）。

回到現在，因低利率的環境讓固定收益類型產品的收益不斷下降，在基金市場當中，如果想要找到高信用評等的產品，又希望利率比美國政府公債稍高一些，選擇其實不多，而「不動產抵押貸款證券」（Mortgage Backed Security，簡稱MBS）正是其中之一。

為什麼不動產抵押貸款證券可以擁有接近美國政府公債的信用評等呢？不動產抵押證券又是如何一步步發展的？

資產證券化的起源

現代資產證券化的技術，起源於政府資助企業（Government Sponsored Enterprise，簡稱GSE）。一九三三年，羅斯福在大蕭條時刻上任，試圖動用一切力量，以拯救瀕崩潰的房屋市場。一九三八年，作為「新政」的一部分，創建了聯邦國民抵押貸款協會（Federal National Mortgage Association），簡稱「房利美」（Fannie Mae）。

房利美從銀行和貸款機構收購聯邦住房署擔保的抵押貸款，為抵押貸款提供次級市場的流動性，讓銀行和其他金融機構釋放更多資金發放新貸款。聯邦住房署擔保的抵押貸款大多是不符合一般標準的貸款，借款人信用不完美、缺少頭期款，但由於貸款由聯邦政府擔保，因此風險很小。

第二次世界大戰結束後，回鄉的士兵成為住房剛性需求的主力軍，房利美公司自一九四八年開始逐漸將貸款收購範圍擴展到退伍軍人事務署擔保的抵押貸款。二戰結束對於房屋市場的另一個利多是生育高峰，一九五七年新生兒數量達到四百三十萬，到了一九六四年，「嬰兒潮」一代已經占美國總人口的四〇%。嬰兒潮的出現增加了房屋市場的剛性需求，推動了美國房屋市場的榮景。

一九六八年，房利美的抵押貸款組合規模已經來到七十二億美元，其中很大一部分是透過貸款收購的方式產生的。由於房利美的債務直接與聯邦政府的財政連結，而此時聯邦政府因為龐大的社會計畫和越戰，財政上已是捉襟見肘。不得已，政府將房利美分拆為二。

重組後的房利美變成一家政府企業，雖有私人的股東，但政府仍是最大股東，這種企業便被稱為政府資助企業，同時被授予貸款證券化權力。

另一部分的房利美，則成為一家新的聯邦政府機構，簡稱「吉利美」（Ginnie Mae），負責為退伍軍人和農村發展抵押貸款提供資金。

為了提高效率，以及防範房利美「一家獨大」，美國政府又在一九七〇年設立了房利美的競爭對手，聯邦住宅貸款抵押公司（Federal Home Loan Mortgage Corporation），簡稱「房地美」（Freddie Mae）。

此刻，美國房地產的三大玩家正式到齊。

資產證券化的衍生商品

第一個具備現代資產證券化意義的金融產品，是吉利美推出的「房貸轉付證券」（Mortgage Pass Through Security，簡稱MPT）。由於吉利美的貸款有政府擔保，幾乎沒有風險，因此，吉利美直接將房貸戶的月付金當作投資收益，提供給購買證券的投資人。

吉利美能夠這麼做，主要還是要歸功於「二房」（房利美、房地美）已經將房屋貸款標準化了，購買證券的投資人不需要關注貸款物件的地點、價值、過戶等問題。這類證券於是大受歡迎，然而仍有其缺點——如果貸款人提前還款，借新還舊，或是提前賣出房子，就會影響投資人的收益。

為了解決借款人提前還款的問題，房地美於一九八三年六月發行了第一筆「不動產抵押債權憑證」（Collateralized Mortgage Obligation，簡稱CMO）。這是一款比房貸轉付證券更為複雜的產品，創新之處在於將風險細分，搭配不同期限、不同利率和不同信用等級的多層次證券，滿足各類不同風險偏好投資者的需求。

不動產抵押債權憑證結構設計上的主要思路，是不將抵押貸款池視為單一組三十年抵押貸款，而是將池子中的抵押貸款本金和利息根據其風險劃分成不同階層，每一層都有自己的到期日、利率和信用評級，並依據高到低的順序，分別享有不同的風險及報酬。層級愈高愈安全，低層次最先承擔提前還款風險或信用風險，直到本金價值為零，剩餘的再由上一層承擔。

不動產抵押債權憑證設計過程中還有一大亮點，就是特殊目的實體（Special Purpose Vehicle，簡稱SPV）。這是由發起人或貸款人創建的法人實體，主要用來轉移資產，沒有雇員和辦公地點。不動產抵押債權憑證的特殊目的實體，就是抵押貸款法律上的所有人，其將資產從信用市場轉移到資本市場，負責接收還款，以抵押貸款為擔保發行證券，並從池子中獲得現金流。一方面簡化了稅收處理，另一方面也將發行人母公司的風險隔離，也就是說，母公司的風險與不動產抵押債權憑證無關。

至此，我們終於可以明白什麼叫資產證券化，這就是一種將資產打包、構建資產池、透過特殊目的實體將貸款等資產轉變為可交易證券的過程和技術。

房地美在一九八三年推出的不動產抵押債權憑證大獲成功，緊接著房貸市場的另一個巨頭，房利美也進場了。自此，二房壟斷了不動產抵押債權市場，成為市場上的最大中間商，自然也賺飽了手續費。

這看在商業銀行的眼裡，真是眼紅得不得了，畢竟，銀行手上也有很多不動產的債券。其實早在一九七七年，美國銀行就推出第一筆私有證券化產品，但私有證券化產品與二房產品的最大差別在於信用風險：二房的信用相當於政府擔保，私有證券化產品的抵押貸款池沒有聯邦政府擔保，私有證券化產品的發起人也不提供利息以及還本擔保，因此，私有證券化產品有利率風險，又有信用風險，發展起來格外辛苦。

利率風險可以透過利率交換等工具規避，但信用風險只能依靠證券投資人本身對資產的信用分析來評估，難度很高。此時，作為獨立的第三方的信用評級機構便扮演了取信投資人的重要角色。

私有證券化商品為了取得較好的信用評等，一般都會採取一種或多種信用增強的作法，比如由母公司保險擔保，或是發行保證金債券，甚或透過外部信用增強，採取第三方保險，讓抵押貸款保險公司對資產池做擔保。證券化讓穆迪（Moody's）、惠譽（Fitch Group）和標普公司在影響力和獲利上均脫穎而出，消除了投資者的顧慮，九〇年代開始，整個資產證券化市場就此一飛沖天。

我只能說，從不動產抵押債權憑證開始的一連串資產證券化的起點，本質上是很好的金融創新，但經過三十年，演變為金融海嘯的始作俑者，恐怕也是始料未及。

第47章 配股好還是配息好？

我們常說「股海翻騰」，多是形容股價在市場中的起伏不定。但回看十六世紀探險家的船，橫渡未知的大洋，而這趟航行是由股份有限公司股東的資金所支持，其實是一種真實的「股海翻騰」。

當我們買進某公司的股票，表示我們同時成為公司的股東。公司賺錢時，就可以依持有股份的比例，分配利潤，這就是所謂的「股利」。而如果公司沒賺錢，或是這條船在探險過程中沉了，我們也就血本無歸。

這一章，我們就來談談「存股」。投資人在尋找「高股息」股投資的過程中，有哪些該留意的地方？

現金股利與股票股利

股利通常有兩種形式，分別為「現金股利」與「股票股利」。

現金股利

當公司的盈餘因應自身投資需求還有剩餘時，通常會將盈餘以現金方式發放給股東，又稱為「除息」。一般來說，當企業處於成長期，需要大量再投資，現金股息發配會較少；而若企業處於成熟期，沒有太多成長機會，現金股息發配會較多。

股票股利

如果企業因應成長需要，希望將盈餘留在公司內做廠房、設備等再投資，會透過發配股票股利的方式，以股票換取原本應該分配股東的盈餘，又稱為「除權」。要注意的是，股票股利會讓股本和淨值膨脹。當企業處於成長期，需要大量再投資，股票股利發配會較多；而若企業處於成熟期，沒有成長機會，股票股利發配會較少。

二〇〇〇年電子股獨領台股風騷的年代，高配股的股票股利才是王道，員工分紅配股更是創造出許多科技新貴。投資人普遍認為，股票股利發得愈多，公司的獲利前景愈好。而除權之後，股價大幅下降，造成股票變便宜的假象，也吸引很多投資人跟進，加速了填權的可能性，這就是「除權息套利」可行的關鍵因素。

但說穿了，股票股利只是將股權分割，發行的股票變多，股本變大，若不考慮員工分紅配股造成的額外稀釋，配發前後投資人對公司的所有權比例仍舊相同，因此也可以說是「印股票換鈔票」的一種手法。

至於現在，台灣投資人已經逐漸成熟，「高配股會膨脹股本，不利公司未來的每股盈餘」大概已成為共識，這種高配股的習慣才逐漸扭轉。於是，投資人的目光開始轉向「存股」，其中又以金融股最受青睞。

如何選一支生息股？

如果想找一支能生股息的股票來存，首先應該弄清楚：公司過去發放股息的歷史如何？股息是否穩定，長期走勢如何？

每家公司都會受到經濟大環境的影響，而經濟週期又總是在繁榮、放緩、衰退和蕭條之間不斷地循環。如果一家公司在任何經濟環境下都能穩定地發放股息，基本上應是一家成熟、穩定的公司，經營活動能夠產生長期穩定的現金流。

以中信金（2891）為例，從近五年的股利政策可以看出，其股利水準相當穩定，在金融股當中屬於前段班。然而，即便你的目標是追求股息而非股價價差，還是得要注意股票的買入價。

其次還需留意：公司分配的股息占公司盈餘的比例是多少？這個比例大嗎？

一般來說，在其他條件相同的前提下，股息占公司盈餘比例較小，代表公司較值得投資。這是因為經濟景氣的變化，公司經營難免會經歷起伏波動，如果股息占公司的盈餘百分比愈小，其「安全緩衝」就愈充裕，公司分配股息的計畫也就不易受到影響。相對的，如果公司的股息占盈餘的比例很高，那麼公司一旦遇到困難，就不得不立刻減發甚至停發股息，以減少現金支出，幫助公司渡過難關。

我們把股息和公司盈餘的比值稱為現金股利發放率，公式為：

現金股利發放率＝當年現金股利÷當年每股盈餘×100%

比如中信金的現金股利發放率大約為五〇％。也就是說中信金每年把五〇％的盈餘以現金股利的形式分配給股東。萬一公司陷入了困境，它有另外五〇％的「安全緩衝」來保護你的股息不受影響。

再看兆豐金（2886）的現金股利發放率，約為八〇％左右，就配息的穩定度而言，會比中信金來得危險，因為一旦業績下滑，其「安全緩衝」只有二〇％。當經濟景氣不佳，兆豐金的利潤下降幅度只要超過二〇％，公司就不得不減發股息，而這對追求股息的存股族來說是非常不利的。

當銀行宣布減發或停發股息，其公司股價往往也會跟隨消息的發布而明顯修正。作為存股族，此時將承受雙重打擊：一方面，你失去了預計的現金股利，另一方面，股價的下跌導致本金的虧損。

高現金股利發放率公司，是否真的比較不適合長期存股呢？或要多高的發放率，才會達到不適合的地步呢？美國投資家詹姆士・歐沙納希（James P. O'shaughnessy）曾經回顧基於現金股利發放率的股票報酬率數據，發現如以十分位來排名，排名在中間的組別表現最佳，尤其是第五、六、七組。證實了高現金股利發放率的股票可能不是一個好的投資對象。其中第一組（現金股利發放率最高的股票投資組合）、第九、十組（現金股利發放率最低的股票投資組合），都是表現最差的。因此，當我們只根據股息率選股時，或許應避開股息率最高的股票投資組合。對現金股利發放率來說，這結論同樣適用。

第48章

通膨大爆炸

二〇二〇年，黎巴嫩首都貝魯特的最大港口發生爆炸事故，畫面透過網路傳遍全球，威力之巨大，讓人幾乎難以置信，同時讓人想起這個國家正在遭遇的巨大通貨膨脹，恐怕也像爆炸的震波一樣，重創這個國家的經濟。

短短四年時間，這個國家的匯率從一千五百黎巴嫩鎊兌一美元，來到了八十九萬黎巴嫩鎊兌一美元。政府無力解決債務、貨幣危機，高官貪汙事件頻傳。當然了，這是因為財政紀律不佳，國家債台高築，卻濫發鈔票所帶來的反噬。

然而，即便是成熟或已開發經濟體，在面對通膨這頭巨獸時，仍需要非常謹慎。我想來談談通貨膨脹、消費者物價指數（Consumer Price Index，簡稱CPI），以及這對我們在投資決策上的影響。

通貨膨脹的三種類型

首先，通膨大致可以分為三種類型：

需求拉動型通膨

第一種是需求拉動型，隨著經濟繁榮、過多的資金追求相對較少的商品而產生。第二種是成本推動型通貨膨脹，主因油價上漲、糧食短缺，導致食品價格飛漲等供給面因素所導致。最後是工資性通貨膨脹。這也是最危險的通貨膨脹，雖然來得遲緩，但是由需求拉動和成本推動共同引起的。

早期，通貨膨脹通常被看作是由需求拉動的。也就是在經濟欣欣向榮的時候，貨幣相對於商品而言是較多的，可見需求拉動型的通膨是「前景好」的一種現象。根據凱因斯（John Maynard Keynes）的理論，中央銀行只需要提高利率，隨著需求壓力減輕，經濟可以順利地軟著陸。行政機構可以削減政府開支，或加重稅賦，來抑制需求拉動型的通貨膨脹。即利用緊縮性的貨幣政策和財政政策，可以很容易地矯正這種類型的通膨。

成本拉動型通膨

二十世紀七〇年代發生的石油危機，是成本推動型通貨膨脹最經典的案例。由於阿拉伯國家實施石油禁運，導致油價暴漲，同時發生聖嬰現象，造成全球氣候異常，糧食生產成本上升。當時，尼克森（Richard Nixon）總統實施彈性匯率制度，美元匯率重挫，企業進口成本上升。供給減少導致商品價格上升，價格上升使得需求進一步萎縮，需求萎縮讓產出減少，接著就重創了美國經濟。

相較於需求拉動型的通膨，成本推動型的通膨更像是空頭市場型的通膨。更麻煩的是，我們熟悉的凱因斯學派沒有什麼可以解決成本推動型通膨的特效藥。如果使用擴張性財政政策或貨幣政策減少失業、抑制衰退，將會導致更加嚴重的通貨膨脹；而利用緊縮性政策平抑通膨，只會使經濟走向更糟的衰退。這也正是成本推動型通貨膨脹通常使中央銀行束手無策的原因所在。

台灣在石油危機期間，主政的蔣經國總統與行政院長孫運璿則採取了兩面手法，一方面設立「國家金融安定基金」，針對民生物資給予價格補貼，同時嚴格取締囤積居奇。一方面開放原物料進口，等到物價回落，再推動十大建設，補足內需缺口，順利讓台灣度過石油危機。這套行政措施其實比較像社會主義加凱因斯的組合拳。

工資性通膨

工資性通貨膨脹往往在經濟復甦的後期出現，隨著勞動率需求上升，勞資談判的結果，可能工資大幅提高，隨後影響波及其他行業。企業招募員工時競價的結果，同樣會推升工資水平。然而，由於工資性通貨膨脹也可能是由成本推動造成的。七〇年代許多大型工會在與雇主的談判中獲勝，矛盾的是，工資上升導致商品價格上升，銷售量減少，裁員增加，衰退加劇，進一步演變成更高的失業率。因此，當通貨膨脹開始顯露出它的獠牙的時候，就應立即考慮採取財政政策和貨幣政策進行應對。蔣經國回顧石油危機期間物價上漲時曾說：「日用品的漲風，誰也沒想到是由價錢最便宜的衛生紙所引發出來的。」

什麼是消費者物價指數？

簡稱為CPI的消費者物價指數，是主要通貨膨脹指標中，最被重視和最重要的一個。任何CPI預料之外的變化，都會對股票市場和債券市場造成明顯的波動。

CPI數據通常由各國勞動部發布，衡量的是零售層次的通貨膨脹，它是固定加權指數，反映一段時間內，一籃子商品與服務的平均價格變化水準。

其中，最大類別是房屋消費，占了指數的四〇％左右。其次依序是交通、食品、娛樂、教育和醫療保健。分析CPI數據時，我們更關注剔除食品和能源之後的

ＣＰＩ數據，也就是所謂的「核心通貨膨脹率」（Core CPI）。

需求拉動型通膨，極有可能讓聯準會提高利率，但如是成本推動型通膨，聯準會提高利率的可能性就非常小。也因此，如果核心ＣＰＩ指數上漲，通常意味著需求拉動型通貨膨脹的壓力正在累積，聯準會極可能開始收縮資金。

最後，如何利用ＣＰＩ來預判景氣的位置？首先，剔除食品和能源之後的ＣＰＩ數據，在每次景氣循環的衰退期都會走到相對高的水準。由於核心通膨率已處在相對高點，而原物料（特別是原油價格）又出現大幅上揚時，就可能會拉動整體通膨數據走升，形成了成本拉動型通膨，對股市是一大利空。相對的，當景氣進入蕭條期，核心通膨率也會逐步走低，它的相對低點會落在另一輪景氣循環的復甦期與爆發期之間。

此外，在美元幣值極為不穩的時期，ＣＰＩ可能會給出錯誤的通膨訊號。原因很簡單：如果美元快速貶值，進口商品的成本就會增加，ＣＰＩ指數就會上升。但在聯準會看來，這種通貨膨脹可能並不是那麼令人擔心。

回到黎巴嫩的問題上，其正在遭遇政府貨幣的信心危機與債務危機雙重打擊，盡快與國際貨幣基金組織達成紓困協議，恐怕是最痛苦，但也最有效的解決方案。

第49章

經濟周期與投資策略的搭配

多數經濟學所討論的景氣循環，是如同春、夏、秋、冬一樣，在景氣上劃分為復甦、爆發、衰退、蕭條四個階段。且多數學者特別著重於衰退與蕭條時期的研究，造成許多人直覺上會認為景氣好（即復甦與爆發期）與景氣收縮（即衰退與蕭條期），各占了一半的時間。

但在實際的數據上，一個景氣循環中的復甦與爆發期，約占一個完整循環四分之三的時間。而景氣收縮期，在時間上只占了四分之一。換句話說，在時間維度上，市場是漲的時間多，跌的時間少。且景氣週期循環四階段會按部就班出現，不會跳躍。只是各自的長度與強度沒有一定，要依據客觀的數據來判斷。

該選擇什麼樣的投資方法？

了解景氣循環的基本概念之後，接下來我們也想知道，怎麼在各階段的景氣變化中操作，才容易獲利？一般來說，有「被動」與「主動」投資兩種模式。

所謂的被動投資，就是不去挑選進出場時間，也不選擇個別股票，是透過指數去參與投資。而主動投資就是同時包含了挑選進出場時間，以及挑選個別股票。

在被動投資上，波動是最大的敵人，因為如果投資的時候出現二〇％或更大的下跌，可能投資了十年，都還是虧損的狀態。但如果能堅持參與整個景氣循環，長期的報酬率是相當誘人的。但我們能不能堅持呢？這考驗個人的「心理素質」。而反觀主動投資，如果選擇時間不當或挑選標的不當，損失則更加驚人。

景氣循環投資法

難道沒有更符合人性的投資方法嗎？有的，就是「景氣循環投資法」。景氣循環投資法有幾個重點：在景氣的蕭條期、復甦期可以依序分批進場佈局；進入衰退期之後，由於市場的投資標的普遍都變貴了，反而要開始調整、降低持倉的水準。

怎麼調整？初階而言，你可以選擇股票與美國長天期公債各半，進階則是逐年降低股票占比，第一年降為七〇％，第二年降為五〇％，第三年降為三〇％，此後不再降低。可別小看這樣的調整，這可以讓你更安心地抱著你的股票，而在股市下跌時，跌幅會縮小，可以幫助你度過困難的時刻。

要判斷景氣是否陷入蕭條期，首先要留意的是「個人消費支出年增率」。長期景氣擴張會持續推升消費數據走高，因此在判斷個人消費支出年增率時，連續四季度的下跌，只能視為一次警訊，不一定能確立轉折向下。但如果是一次警訊之後，又再出現連續四季度的下跌，則預告景氣即將往下。

其次是「民間投資年增率」，如果連續下跌，就是景氣加速下跌的臨門一腳。在蕭條期的投資布局上，可以保守的美國政府公債，包含投資等級債券及美元為主。

景氣走出泥淖後會進入復甦期，此時會有幾個訊號可以判斷景氣是否逐漸好轉。首先依然是先觀察個人消費與民間投資是否止跌回升，其次就是觀察美國ＩＳＭ製造業指數，當ＩＳＭ指數不再下跌，就代表產業及企業的實質經營開始出現改善。

雖然復甦期最該注意是就業問題，但失業率並不是一個良好的線索，主要是因為衰退期時，企業會先大量裁減人力。反而是「初領失業救濟金人數」及「短期失業人數」的改善預告了就業狀況的改善，而就業改善後，消費力就會逐漸露出曙光。此時應該優先關注「個人耐久財消費」與「零售銷售」落底反彈，再來就是從企業的角度觀察「製造業耐久財訂單」，只要不再惡化，基本上可以判斷衰退期已經結束。

在復甦期的投資策略就是「勇敢錢進股市」——此時股價已經被低估，最壞的情勢已經過了。除了股票，在債券上，可以布局高收益債與原物料相關標的。

從復甦期過渡到爆發期時，市場仍普遍缺乏信心，因此常會有擔心景氣只是迴光返照的聲音。事實上，在財政政策及貨幣政策的支持下，即便市場會有各式危機，然而不太容易反轉既有的景氣週期。在這個階段的經濟指標，大多已在正常的軌道上。即便此時股價也貴了不少，但還是應該持續買進，主因是景氣持續擴張，且企業獲利會不斷成長，同時通膨穩定，能夠支持消費及投資信心。

最後，當景氣過度熱絡，不可避免地會走向盛極而衰，市場將進入衰退期。衰退期的特徵包括：景氣將加速成長，投資人情緒樂觀且缺乏風險意識。在經濟指標上，當消費者開始「透支消費」時就是一個警訊，這個警訊可以透過觀察「實質個人消費支出」大於「實質可支配個人收入」時獲得驗證。

其次當「初領失業救濟金人數」由谷底反彈，出現一個U型的結構，代表初次請領失業金的人數正在攀升，距離衰退期也不遠了。常見的投資迷思是過早擔憂景氣轉向，卻太晚做好轉折的準備。適切地在衰退期作資產配置的轉換，也就是持續做多，但持股水位逐年降低至三〇%，同時避開高收益債券及原物料相關標的。

第50章

技術分析到底準不準？

在我當營業員的時期，有時交易量不多，我總會起身看看在營業大廳的客戶們，盤中是在做什麼？大多數的時候，他們都是在聊天，或整理從菜市場買來的菜，甚至做些小手工，偶爾盯著電視牆上紅綠跳動的數字。到底，這些數字能有什麼資訊？

但是今天，幾乎所有認真學習投資的人，都曾試圖搞清楚線圖怎麼看，想知道有沒有可能從中來預測未來的價格走勢。這件事情真的做得到嗎？是否技術線圖中，存在著投資的聖杯呢？

我想從兩個角度來討論，一是技術分析的由來，以及演進。二是效率市場的學術理論，以及我自己研究技術分析的心得。

技術分析是怎麼一回事？

現在常見的技術線圖，不論是「K線圖」，或稱「燭線圖」、「柱線圖」、「Bar chart」，本質上就是記錄市場的價格。在一根K棒當中，包含了四個價格資訊，也就是開盤、收盤、最高價與最低價。

先回到原點，談談價格是怎麼產生的。市場上有三類人：買家、賣家和觀望者。對於買家來說，希望付出愈少愈好；對於賣家來說，則是收到愈多愈好。中間的衝突就反映在買賣差價中，買賣價差中的「買」，意味著買方願意支付的價格，「賣」則意味著賣方願意賣出的價格。

買家有兩個選擇：等待標的物價格下跌，或是支付較高的價格來促成交易。賣方也有兩種相反的選擇：等待上漲，或是降價立刻賣出。而觀望者的存在增加了買賣方的壓力。買方知道，如果過度遲疑，就會有買家插隊搶走這個交易；賣方同樣心知肚明。觀望者的存在迫使買賣雙方快速報價，當雙方價格匹配時達成交易。

一根K棒包含了從開盤到收盤的四種價格資訊，其實可以反應當天買賣方的博弈過程。也因此，技術分析的第一個重要觀念，即線圖是由記錄完成交易的「價格」所產生的。

最早的技術分析師出現在十九世紀末，最著名的就是查爾斯·道和威廉·漢密爾頓（William Hamilton）。兩位是前後任《華爾街日報》（*The Wall Street Journal*）編輯。他們提出一種股票市場理論，稱作「道氏理論」，並將其推向頂峰。而一九二九年大蕭條後是技術分析的黃金時代，有些人將線圖看成供給和需求的紀錄，些人則試圖在市場中尋找一種秩序。也開始有了如三角形收斂、箱型整理、頭肩頂等概念，以及支撐與壓力價格和趨勢線等圖表形態。

一九七〇年代，尤金．法馬（Eugene Fama）將「效率市場假說」推向主流。他認為沒人能夠戰勝市場，在任何時刻的任何價格，都包含了所有可以獲得的訊息。只要市場符合弱勢效率，以過去的價格資訊，例如技術分析，來預測市場就是無效的。

巴菲特則評價效率市場假說：「在一個投資者全都相信有效市場的市場中進行投資，就好比和那些自認不用看牌就能打好橋牌的人一起打牌一樣。」而巴菲特的好友查理．蒙格（Charlie Munger）或許講得沒有這麼酸：「股市真的如此有效，以至於沒人能打敗它嗎？很明顯，有效市場理論大體上是正確的，很難有哪個選股人光靠聰明和勤奮，就可以獲得比市場平均回報率高出很多的收益。平均的結果必定是中等的結果。從定義上來說，沒有人能夠打敗市場。但正如我常說的，生活的鐵律就是，只有百分之二十的人能夠取得比其他百分之八十的人優秀的成績。」

這是技術分析第二個該留意的重點：當市場參與者愈多，有愈多人透過技術分析來分析市場，效果可能愈明顯，但未必能給你超額報酬，反而是更接近「自我實現預言」——愈多人相信，影響了投資行為，就導致預言成真。相對的，交易量不大的標的，或是盤子不夠深的市場，使用技術分析，很有可能被市場的鯨魚吞食。

淺談市場技術指標

市場的技術指標多如牛毛，大致可以分為三類。

首先是趨勢指標。當趨勢發生之後，可以提供一個訊號，屬於同步或落後指標。包括移動平均線（MA，又簡稱「均線」）、平滑異同移動平均線（MACD）、動向指標（DMI）、能量潮（OBV）等。

接著是擺盪指標，有助於辨識行情的反轉點。包括MACD柱狀線、隨機指標（KDJ）、動能指標（MTM）、相對強弱指標（RSI）、威廉指標（W%R）等。擺盪指標反應的速度比較快，常常比趨勢指標先反轉。

最後則是複合型指標，例如新高—新低指標、賣權／買權比（P/C ratio）等。

坐在營業大廳的客戶們，到底盯著數字在看什麼，也許無法在腦中快速計算太複雜的公式，但會對過去一段時間的價格產生印象。而這些印象，會成為他們交易的基礎點，形成基本的支撐與壓力。

也因此，我的建議是，參考水平的趨勢線，也就是一個特定價位，前波高點，前波低點，這會形成「錨定效應」，產生支撐或壓力的效果。除此之外，我也經常使用移動平均線，因為那就是過去一段時間，交易出來的價格的平均值。

最後一個的技巧，建議你專注看一個二十日的指數移動平均線（EMA），其實可以解決大多數的問題。突破就是轉多，跌破就是翻空。當然，這不是聖杯，不是一定都會賺錢，然而賺錢的標的，一定符合這個規律。

結語

「時間配置」比「資產配置」更重要？

「資產配置」在所有資產管理的實踐中，有著至關重要的作用。布爾森、霍德、比鮑爾（Brinson, Hood, Beebower，簡稱BHB）於一九八六年的研究表明，一個組合總報酬的九三・六％由資產配置決定。儘管對於這個具體的數字仍然有爭議，但業界普遍認為，資產配置在整個投資流程中扮演著舉足輕重的角色。

對一般投資人來說，不論是年輕時期的股票七成、債券三成，或是年屆退休時的股三債七，都只是在一個時間斷面上的投資決策。從整個時間的長流來看，過去的時間，現在的時間，以及未來的時間，在投資決策上也應該要做適切的配置，以便對整個投資的規劃有更全面的安排。

過去的錢（股息／基金配息）

「配息」這幾年迅速成為理財市場的當紅炸子雞。原因有很多，如銀行存款利率不斷下降，人口高齡化，加重了一般大眾對於穩定現金流的需求。當然，金融業者看好投資人對配息的愛好，加油添醋地包裝出各式各樣配息的產品，也是讓配息產品愈來愈火熱的原因。

基金配息，就是把一部分基金收益（或投資本金）以現金的方式返還給投資人的過程。配息後，基金的單位淨值下降，但新淨值和配息金額的總和與原有淨值相等。所以，基金配息本質是一種從左口袋到右口袋的操作，對基金收益沒有實質的影響。

既然如此，為什麼還有許多投資人還是熱衷於配息的產品呢？或許有兩種考量。

首先是買到更便宜的淨值。假設基金的淨值是十二．二元，配息〇．二元，則新淨值變成了十二元。許多投資人仍然有「淨值低的基金更便宜」的幻覺，傾向於購買淨值更低的產品。如果一支基金的單位淨值高於十元，那麼經由配息降低淨值，能夠吸引更多投資人申購。

其次是投資收益的幻覺。假設在持有一檔基金期間，基金的淨值不斷上漲，雖然對帳單都出現獲利，但是如果不贖回，你依然感受不到獲利帶來的愉悅。這時基金公司提供配息，讓你的帳戶裡時不時有現金流入，就會讓你產生一種持續「賺到錢」的幻覺，提高你對該基金的滿意度。

相反的狀態，如果基金是處於賠錢的狀態呢？完全不配息的基金投資人會感到十分沮喪，甚至會感到憤怒，認為基金公司操作不當。而持續每個月「配息」的基金，則會讓投資人有「回收部分本金，降低了損失」的感覺，滿意度會大幅提升，同時也更願意持續抱著虧損的基金。

若干年前，台股流行的高配股政策，其實也是一種類似的策略，讓投資人手上的股票數量增加，價格又出現明顯的下降，可以吸引更多投資人投入。

然而，不管是單純的存股領股息，還是買基金領配息，你使用的都是過去的錢、過去存下來的股票，或是過去累積下來的基金單位數。要達到可以靠過股息、基金配息過活的話，需要累積多少配息資產呢？

我們可以參考「四％法則」。由於過去幾年投資報酬率不斷下滑，一般的財務規劃師考量通膨與稅負的因素之後，認為要維持退休生活直到一百歲，你必須存下「每年支出額度」二十五倍的退休資產。這些資產必須每年取得四％的報酬率，同時你每年可以從總資產中提取四％當作生活費。假設每年的生活費需要五十萬，如果要達成財富自由，就必須要有一千兩百五十萬的生息資產（一千兩百五十萬的四％就是五十萬）。當然，隨著你的年紀跨過八、九十歲，可以逐步提高你的提撥率，不需要留太多錢給子女。

現在的錢（存股／定期定額）

要能夠有過去的錢，就必須從現在開始累積起。除了銀行存款，常見的做法是存股或是定期定額，這其實談的是同一件事，也就是「平均成本法」（Dollar Cost Averaging，簡稱DCA）。

採取定期定額的人不少，但能夠正確且深入研究的人就少了。提到定期定額，多數人只是粗淺地認為，它是一種用來避免套在高點的策略，因為透過定期定額投資，可以發揮降低「平均成本」的效果。然而這並非定期定額策略的好處，因為這麼做，最終平均成本也有相同的機率是提高，而不是降低。

事實上，定期定額策略對投資人的思考、行為，以及對金融市場的感知都有巨大的影響力，這才是定期定額策略的核心，以及它的神奇之處。定期定額以簡單機械的方法，實現了資金的跨時間配置，相當於在時間維度上分散了風險，實現穩健收益。

我一向不建議投資人「存個股」，因為個股的風險實在太大。

那有沒有穩賺不賠的標的呢？巴菲特總是建議一般投資人買標普五百指數ETF，在台灣也就是購買元大台灣50。指數基金的好處在於，它本質上等同於「追蹤大盤」，不去賭某家公司，而是賭整個「國運」，或是全球的運氣。且長期來看，人類的經濟規模是不斷成長的，全球股價市值也不斷上升。我們突然發現，只要時間拉長，你投資股市不再是賭博。因為長期來看，出現負報酬的風險竟然可以趨近於零。

對於現階段正在努力工作賺錢的人來說，一開始是不可能有很多錢的，但定期定額或是存股，其實等同於「賭」上了自己日常的賺錢能力和長期的紀律投資。因為你的時間是一種絕對排他性的資產，而你將花時間賺來的錢，壓進一個標的當中，它就變成了機會成本無限大的資產，這個賭注不可謂不大。所以，當你把自己最具價值、機會成本無限大的優質資產拿來投資時，只能選擇萬無一失的標的，那是什麼？我相信那會是人類整個經濟的發展。具體來說，我會壓在證券市場，也就是元大台灣50、標普五百指數ＥＴＦ，以及加密貨幣。

未來的錢（借貸）

能夠規劃用於投資的錢，只有過去存下來的錢以及現在有的錢嗎？遠遠不止，你其實還有未來的錢可以使用。

債務以及隨之而來的利息，是金融史上最重要的發明。債務可以讓借方使用未來的錢滿足當前的需求。試想一位農夫發現儲藏的糧食都被老鼠吃光了，而距離收成還有一個月。如果沒有借貸和利息，他和他的家人可能要餓肚子一個月，或端看附近鄰居有沒有好心人施捨。但債務在當前和未來的食物消費之間架起了一座橋梁，使巨大的消費落差變得平滑，更將未來的收成移到了現在。

早在西元前二四〇〇年的美索不達米亞平原，就已經存在個人的借貸紀錄，當時這類契約都是與神廟簽訂。而到了現在，無論是在城市還是在農村，我們仍然會將東西借給別人，即使這樣做的收益並非立即可見的。尤其愈是小型的社區，人們愈傾向會把自己的工具和時間借給他人。借方也許會期待在未來得到回報，但並不會簽一份契約，這類合作行為可看作一種保險——如果你在有餘力時幫助鄰居，那麼當你陷入困境時，就可以尋求鄰居們的幫助。

好負債與壞負債

很多人認為，債務是不好的，或是邪惡的，應該遠離債務。但其實債務可以分為「好負債」與「壞負債」。壞負債不斷地從你口袋向外掏錢，好負債則送錢給你花。

什麼是好負債呢？簡單來說，也就是債務成本低於個人機會成本的債務。而此個人機會成本，是指一個人在所有可能的投資機會當中，風險調整後所能得到的最高投資報酬。好比餐館的老闆預計，每投入的一塊錢在自己的餐館裡，可以帶來一〇％的報酬，這個一〇%就是他的個人機會成本。因此對他而言，利率低於一〇%就是好負債，應維持部分貸款持續投入餐館。而利率高於一〇%的債務就是壞負債。

資產的「時間配置」上絕不能忽略「未來的錢」，也就是必須了解債務規劃。善用債務，可以創造很大的財富。以台灣人都很清楚的房地產為例，房地產投資就是利用時間槓桿，擴大了自有資金的報酬率。可以說是「借雞生蛋，以錢生錢」。

總結來看，投資的「時間配置」概念，需要時刻放在心上。在收入少的時候，要留心控制負債，不要產生壞負債，以免自己未來的錢受損。並且盡力增加現在的錢，想辦法存下更多。

收入提高之後，可以透過好負債，提前將未來的錢納入投資的規劃當中，近一步增加現在的錢的投資效益。當接近退休或已經退休，則關閉負債的額度，只維持少部分現在的錢，持續投資，將重心轉移到管理好過去的錢。

國家圖書館出版品預行編目 (CIP) 資料

現在開始就有錢：改變一生的 50 個理財法則，教你利用時間複利，站上致富起跑點／楊比爾（楊書銘）著. -- 初版. -- 臺北市：遠流出版事業股份有限公司，2024.04
面；　公分

ISBN 978-626-361-559-5（平裝）

1.CST：個人理財　2.CST：投資

563　　113002936

現在開始就有錢

改變一生的 50 個理財法則，教你利用時間複利，站上致富起跑點

作者／楊比爾（楊書銘）

資深編輯／陳嬿守
封面設計／朱陳毅
內頁排版／魯帆育
行銷企劃／鍾曼靈
出版一部總編輯暨總監／王明雪

發行人／王榮文
出版發行／遠流出版事業股份有限公司
104005 台北市中山北路一段 11 號 13 樓
電話／（02）2571-0297　傳真／（02）2571-0197　郵撥／0189456-1
著作權顧問／蕭雄淋律師
2024 年 4 月 1 日　初版一刷

定價／新台幣 420 元（缺頁或破損的書，請寄回更換）

ISBN 978-626-361-559-5

YL 遠流博識網 http://www.ylib.com　E-mail: ylib@ylib.com
遠流粉絲團 https://www.facebook.com/ylibfans